La fascination des vampires

du même auteur

Essais

Le Vampire dans la littérature anglo-saxonne (2 vol.), Paris, Didier Érudition, 1985

Sang pour sang. Le réveil des vampires, Paris, Gallimard, « Découvertes », 1992

Le Vampire dans la littérature du XXe siècle, Paris, Honoré Champion, « Bibliothèque de littérature générale et comparée », 2003

Direction d'ouvrages collectifs

Antoine Faivre et Jean Marigny (dir.), *Les Vampires*, Colloque de Cerisy, Paris, Albin Michel, « Cahiers de l'hermétisme », 1993

Jean Marigny (dir.), *Dracula*, Paris, Éditions Autrement, « Figures mythiques », 1997

Roger Bozzetto et Jean Marigny (dir.), *Seignolle et le fantastique*, Colloque de Cerisy, Saint-Claude de Diray, Éditions Hesse, 2002

Guy Astic et Jean Marigny (dir.), *Autour de Stephen King. L'horreur contemporaine*, Colloque de Cerisy, Paris, Bragelonne, « Essais », 2008

Anthologies

Histoires anglo-saxonnes de vampires, Paris, Librairie des Champs-Élysées, 1978

Vampire. Dracula et les siens (en coll. avec Roger Bozzetto), Paris, Omnibus, 1997

Nouvelles fantastiques

Pleure pas mon p'tit, dans Alain Pozzuoli (dir.), *Fantômes du jazz*, Paris, Les Belles Lettres, 2006

L'attente de l'aube, dans Estelle Valls de Gomis (dir.), *Vampires*, Paris, Éditions Glyphe, 2008

Loup y es-tu ?, dans Charlotte Bousquet (dir.), *Le Crépuscule des loups*, Auch, Le Calepin jaune éditions, 2008

Jean Marigny

La fascination des vampires

50 QUESTIONS

PARIS
KLINCKSIECK

5 0 Q U E S T I O N S
Collection dirigée par Belinda Cannone

dans la même collection

Vincent Amiel et Pascal Couté, *Formes et obsessions du cinéma américain contemporain* (12)
Anne Besson, *La Fantasy* (37)
Monique Carcaud-Macaire et Jeanne-Marie Clerc, *L'Adaptation cinématographique et littéraire* (15)
Raphaël Colson et François-André Ruaud, *Science-Fiction. Une littérature du réel* (29)
Gérard Gengembre, *Le Roman historique* (27)
Éric B. Henriet, *L'Uchronie* (46)
Jean-Louis Leutrat et Suzanne Liandrat-Guigues, *Western(s)* (38)
Julie Wolkenstein, *Les Récits de rêve dans la fiction* (31)

liste complète en fin de volume

en couverture :
Albert-Joseph Pénot (1862-1930),
La Chauve-Souris (1910). DR

www.klincksieck.com

isbn : 978-2-252-03729-4

50 QUESTIONS

IV. — Le mythe moderne du vampire

Conclusion

INTRODUCTION

1 *Pourquoi les vampires sont-ils omniprésents dans la littérature et le cinéma contemporains ?*

En ce début de XXIe siècle, les vampires sont devenus des personnages familiers et profondément ancrés dans l'imaginaire collectif. On les rencontre dans la littérature, dans les bandes dessinées, au cinéma et à la télévision. Il existe, surtout dans le public des jeunes lecteurs, un véritable engouement pour des séries de romans comme les aventures d'Anita Blake, la « chasseresse de Vampires » imaginée par l'Américaine Laurell K. Hamilton et plus récemment la série *Twilight* de Stephenie Meyer qui connaît dans le monde entier un succès sans précédent, ou d'autres ouvrages adaptés de séries télévisées comme *Buffy* ou *Angel*. Chaque année, paraissent des dizaines de romans et de nouvelles sur ce thème, surtout aux États-Unis, mais aussi, à un moindre degré, dans les pays d'Europe et au Japon, et les studios de cinéma produisent des films à grand spectacle et à gros budget qui attirent toujours de nombreux spectateurs. L'Université elle-même s'intéresse aux vampires et chaque année, dans la plupart des pays du monde occidental, des thèses souvent très érudites et fort intéressantes sont soutenues et des colloques ont lieu sur ce sujet.

Pourtant s'il est un thème apparemment rebattu et vraiment peu original, c'est bien celui de ce prédateur assoiffé de sang qui sort la nuit de son cercueil toutes canines dehors, se transformant, le cas échéant, en chauve-souris pour mieux se déplacer et fondre sur sa proie, et qui craint l'ail et l'eau bénite. Cela fait maintenant près de deux siècles que ce personnage sévit dans la littérature, que l'on sait désormais tout de lui et qu'il n'a apparemment plus rien qui puisse nous surprendre. De Lord Ruthven, le séducteur aristocrate vampire imaginé par Polidori à Edward, le héros de Stephenie

Meyer, en passant par le comte Dracula, la liste est longue de tous ces avatars d'un personnage qui, en définitive, est toujours identique à lui-même et qui, aujourd'hui, prête plus à sourire qu'il ne fait peur. « Dracula est un peu trop pantouflard » disait l'invitée d'une émission de télévision, l'année de la sortie en France du *Dracula* de Coppola. C'est sans doute vrai, mais il n'empêche que le personnage imaginé par Bram Stoker, en dépit de son côté un peu suranné, continue d'inspirer toutes sortes de films, de romans et de bandes dessinées. Si on le compare à d'autres figures de héros de la littérature populaire comme Tarzan, Superman ou Zorro, Dracula semble avoir mieux résisté à l'usure du temps et ce n'est certes pas demain qu'il disparaîtra définitivement. D'une façon générale, le vampire est resté l'un des principaux motifs de la littérature fantastique, alors même que d'autres thèmes, naguère très porteurs, ont connu un certain déclin. Le diable, la sorcellerie, les fantômes et les momies maléfiques, par exemple, qui ont enchanté ou terrifié plusieurs générations de lecteurs, n'ont plus aujourd'hui tout à fait le même impact même si des ouvrages comme *L'Exorciste* de William P. Blatty, *Rosemary's Baby* d'Ira Levin et *Ghost Story* de Peter Straub sont des *best-sellers* dont les adaptations cinématographiques ont apporté un incontestable renouveau au cinéma fantastique. Aujourd'hui, les véritables rivaux des vampires sont plutôt les loups-garous, qui inspirent eux aussi chaque année des quantités de romans et de nouvelles et les zombies qui connaissent actuellement une grande vogue au cinéma grâce, en particulier, aux films de George Romero et de ses émules. Aucun roman néanmoins ne peut se comparer, du point de vue de la notoriété, à *Entretien avec un vampire* d'Anne Rice qui a connu immédiatement un succès prodigieux dans le monde entier alors même que son auteur n'était qu'une inconnue. Grâce à ce roman et à tous ceux qu'elle a écrits par la suite, le thème du vampire, qui s'était quelque peu essoufflé, a reconquis sans peine la première place dans la littérature fantastique contemporaine et au cinéma. En adaptant de nouveau *Dracula*, en 1992, dans un film à gros budget réunissant des acteurs très connus, Francis Ford Coppola a lui aussi contribué à pérenniser ce qu'il faut bien appeler un mythe des temps modernes.

Le fait que les vampires restent aujourd'hui sous le feu de l'actualité et qu'ils soient en quelque sorte indémodables pose en lui-même une foule de questions. Pourquoi et comment des croyances et des pratiques superstitieuses qui se sont développées surtout en Europe centrale et orientale ont-elles brusquement connu un spectaculaire retentissement dans les cercles intellectuels d'Europe occidentale en plein Siècle des lumières ? Pourquoi, alors que les encyclopédistes avaient condamné ces croyances au nom de la raison et que l'Église elle-même les avait mises à l'index, les vampires ont-ils attiré l'attention du grand public, puis inspiré poètes, romanciers et dramaturges ? Pourquoi un romancier aussi peu connu de son vivant que l'était Bram Stoker a-t-il eu une extraordinaire notoriété posthume grâce à son roman *Dracula*, sans cesse réédité et sans cesse adapté pour le grand et le petit écran ? Pourquoi Dracula et ses semblables sont-ils devenus des personnages fascinants auxquels certaines personnes cherchent à s'identifier, n'hésitant pas, dans les cas extrêmes, à passer aux actes ? C'est à ces questions et à bien d'autres que cet ouvrage s'efforce de répondre.

I
LES VAMPIRES DANS LA TRADITION LÉGENDAIRE

2 *Qu'est-ce qu'un vampire ?*

Le vampire est aujourd'hui très connu, même si l'image qu'en donnent la littérature et le cinéma est sensiblement différente de celle que nous ont léguée les légendes et les croyances du passé. Aujourd'hui, chacun sait que le vampire est un être extraordinaire qui doit s'abreuver de sang pour survivre. C'est cette particularité qui le distingue de toutes les autres créatures nocturnes conçues par l'imagination de l'homme. Mais il faut préciser que si, depuis les âges les plus reculés, on a cru à toutes sortes de démons ou de divinités capables de sucer le sang des mortels, ce ne sont pas des vampires au sens propre du terme. La seconde particularité du vampire, en effet, est qu'il n'est pas un démon mais un « mort-vivant ». Cette notion est évidemment tout à fait paradoxale puisqu'elle unit deux termes antithétiques et inconciliables. En fait, un vampire est un être humain qui, comme tout un chacun, a mené une vie normale sur cette terre mais qui, après sa mort, a survécu dans sa tombe, se reposant le jour dans un état de léthargie et se réveillant la nuit pour s'attaquer aux mortels. Alors que les fantômes sont des esprits éthérés qui ne constituent qu'un pâle reflet de ce qu'ils étaient de leur vivant, les vampires sont parfaitement tangibles. Le contact qu'ils ont avec leurs victimes n'a rien de virtuel. Le vampire se distingue d'autres morts-vivants qui peuplent nos rêves et nos cauchemars, en ce qu'il constitue pour l'homme un danger mortel. Contrairement à l'image qu'en donne le cinéma actuel, les zombies, ces morts-vivants issus des croyances vaudou, sont en général inoffensifs. Ce sont des créatures dociles au regard vide qui ont complètement oublié ce qu'elles ont été de leur vivant et qui n'ont aucune hostilité envers les mortels. Selon les légendes des Caraïbes, on pouvait même jadis les employer comme esclaves dans les plantations, car elles obéissaient sans rechigner aux ordres et elles étaient capables de travailler sans relâche. On pourrait presque confondre les « zombies » du cinéma avec des vampires si ce n'est que ces derniers ne dévorent jamais leurs proies mais se limitent à boire leur sang. Parmi tous les prédateurs issus des contes et légendes du passé, les ogres des contes de fées, les loups-garous, ces hommes qui se transforment en loups pendant les nuits de pleine lune et dévorent les humains, ou les goules, ces êtres mi-hommes mi-démons des contes du monde arabe qui dévorent les cadavres et s'en prennent parfois aux vivants, le vampire est le seul qui se nourrisse exclusivement de sang. On a parfois confondu vampires et goules car, dans la langue française, le mot vampire n'ayant pas de féminin on utilisait souvent au XIXe siècle, le terme de « goule » pour désigner les femmes vampires. Une troisième caractéristique du vampire, enfin, est que sa morsure est contagieuse. Les êtres humains qui ont été vidés de leur sang par un vampire, deviennent automatiquement à leur tour des vampires après leur mort, comme si un virus mortel leur avait été transmis. Cette idée a été du reste reprise de nos jours par les auteurs de science-fiction comme nous le verrons par la suite.

Pour les rationalistes que nous sommes, l'idée que des êtres tels que les vampires existent est totalement absurde car il est inconcevable que l'on puisse être à la fois mort et vivant. On ne voit pas non plus très bien comment le sang ingéré par ces créatures pourrait leur être profitable d'une façon quelconque, puisque leur organisme étant mort, toutes leurs fonctions vitales, respiration, circulation du sang et digestion, sont en principe anéanties. Pourtant, ceux qui croyaient jadis aux vampires avaient diverses explications à ces mystères. Certains pensaient que l'âme du défunt, qui n'avait pas pu trouver la paix ou trouver refuge dans un quelconque purgatoire, au lieu d'errer sur terre à la manière des fantômes, avait réussi à réintégrer illicitement son corps pour lui donner une sorte de vie larvée. Cette idée se retrouve dans certains rites funéraires des Balkans ou de Roumanie, où l'on plaçait une hostie consacrée, une pièce de monnaie ou une gousse d'ail sur la bouche du défunt pour empêcher son âme de réintégrer son corps.

Pour d'autres, c'est le diable en personne, ou l'un de ses séides, qui possédait le corps du défunt et qui le faisait revivre. Dans certains pays d'Europe centrale ou en Grèce, des prières pouvaient être efficaces pour mettre un vampire en échec. Quant au sang, il n'avait aucune fonction nutritive particulière, mais il était considéré comme le siège de l'âme. En buvant le sang de ses victimes, le vampire était censé absorber leur âme, c'est-à-dire leur influx vital. Il n'est donc pas étonnant, dans ces conditions, que les malheureuses victimes soient vouées à la damnation.

La croyance aux vampires se situe donc dans une perspective chrétienne. Les morts-vivants sont assimilés à des démons et c'est la raison pour laquelle, dans la plupart des légendes européennes, le vampire, tout comme le diable, craint les symboles de la religion. Il ne supporte pas la vue d'un crucifix, il recule devant une hostie consacrée et l'eau bénite le brûle comme un acide. Le vampire moderne, celui qui a défrayé la chronique dans les Balkans à la fin du XVIIe siècle, est le produit d'une tradition séculaire fondée sur les principes de la foi chrétienne : l'idée néo-platonicienne d'une âme immortelle distincte du corps qui, lui, est voué à la décrépitude et à la mort, le symbolisme du sang considéré comme siège de la vie, le diable et ses alliés, et la toute puissance rédemptrice de la foi représentée par les symboles du christianisme.

Le vampire, tel qu'on le décrit dans les chroniques d'Europe centrale et orientale, possède des pouvoirs surnaturels qui le rendent particulièrement redoutable. Il peut se métamorphoser en toutes sortes de choses. En Bohême, c'est sous la forme d'un loup qu'il sort la nuit. Dans les Sudètes, il apparaît souvent sous la forme d'une araignée et en Westphalie sous celle d'un papillon. Il peut aussi se transformer en brouillard, en fétu de paille ou en brin de duvet, ce qui lui permet de sortir de sa tombe par de minuscules orifices, voire de pénétrer dans les maisons en passant sous la porte ou par un trou de serrure. Il peut provoquer des éclipses, des orages, la pluie, la grêle ou la neige. Il exerce à distance un pouvoir sur certains animaux comme les loups, les rats et les insectes. Il fascine ses victimes à la manière d'un serpent et il est pratiquement invulnérable puisque seul un pieu de bois ou, à la rigueur, un poignard enfoncé dans son cœur peut le mettre hors d'état de nuire. Le vampire est particulièrement redoutable à certaines périodes de l'année. Les nuits de pleine lune lui sont propices ainsi que certaines nuits particulières comme celle de Walpurgis, dans les pays de culture germanique, la veille du 1er mai, car c'est le moment où les sorcières se rendent au sabbat et où les mauvais esprits peuvent rôder en toute liberté. En Roumanie, la nuit de la Saint-André est censée être le théâtre de terribles combats entre démons et vampires et la nuit de la Saint-Georges est, pour les vampires, une grande fête : ils dansent toute la nuit, mais à cette occasion ils se contentent de boire un mélange de lait et de semoule de maïs.

Fort heureusement, le vampire est aussi un être fragile. Il ne peut supporter l'ail et les symboles du christianisme le font fuir. Il ne peut sortir de sa tombe qu'après le coucher du soleil et doit y retourner avant le chant du coq (ce que montre très bien Murnau dans son film *Nosferatu*). Il ne peut traverser une étendue d'eau salée ou un cours d'eau qu'à la marée montante. Dans certaines régions, il ne peut entrer dans une maison sans y avoir été expressément invité. En Grèce, en Épire et en Valachie, il ne peut sortir de sa tombe le samedi. Dans la journée, le vampire gît dans sa tombe dans un état de mort apparente et c'est là qu'il est évidemment le plus vulnérable.

3 *Y a-t-il un terme unique pour désigner les vampires ?*

Au cours des siècles passés, selon les pays et les différentes époques de l'Histoire, on a utilisé toutes sortes de termes pour désigner les morts-vivants suceurs de sang. Il y a eu en premier lieu les *sanguisugae* des chroniques en latin en Grande-Bretagne, puis les *Nachzehrer*, les *Blutsaüger*, les *Doppelsaüger*, les *Neuntöter*, les *Gierhals*, les *Alp* ou *Drückermännchen* des pays germaniques, mais c'est en Hongrie, en Roumanie et dans les pays de langue slave que l'on trouve la plus grande variété de termes. Dans les Balkans, selon les régions, on emploie les mots *Gromlik*, *Kudlak*, *Lampir*, *Lampiger*, *Ljugat*, *Ljuna*, *Tenjak*, *Vlkodlak* et *Vukodlak*. En Roumanie, le terme générique pour désigner les vampires est *Strigoï* mais ceux-ci se subdivisent eux-mêmes en *Moroï*, à l'origine des nouveau-nés tués par leur mère avant d'avoir été baptisés, en *Vircolac*, créatures aériennes capables de provoquer les éclipses, et en *Pryccolitch*, proches parents du loup-garou. On a souvent affirmé que le *Nosferat* était un vampire valaque, enfant mort-né issu d'un couple illégitime, or les Roumains eux-mêmes affirment que le terme n'existe pas dans leur langue et si Bram Stoker, dans son *Dracula*, emploie le mot *Nosferatu* qu'il avait lui-même trouvé dans l'article d'Emily Gerard, « Transylvanian Superstitions », publié dans le *Nineteenth Century Magazine* de juillet 1885, il peut s'agir d'une erreur de retranscription de cette dernière. Parmi les autres termes plus ou moins barbares que l'on rencontre en Europe, on peut citer les *Kozlak* ou *Kuzlak* de Dalmatie, les *Vrukolakas* ou *Burkulakas* de Grèce, les *Kallicantzaros* et les *Kathananos* de Crète, les *Sarkomenuos* de Chypre, les *Gjakpirë* d'Albanie, les *Murony* de Transylvanie, les *Krvopijac* et les *Obour* de Bulgarie qui rappellent les *Upyr* de Russie et les *Upierczi* de Pologne, les *Miertovjec* de Biélorussie, les *Lidérc Nadaly*, les *Nora* et les *Pambri* de Hongrie, les *Sampiro* et les *Dakhnavar* ou *Dashnavar* d'Arménie, les *Rusalki* et les *Vourdalak* de Russie, les *Sriz* de Pologne, et les *Mulo* ou *Mullo* des nomades de Bohème. Enfin en Serbie, en Bulgarie et en Roumanie, on redoute une espèce de vampires que l'on appelle les « Enfants de Judas » dont la chevelure est rousse. Descendants de Judas Iscariote, ils vident totalement leurs victimes de leur sang en une seule morsure et la marque qu'ils laissent sur leur corps a la forme de trois X symbolisant les trente deniers payés à leur ancêtre pour prix de sa trahison. Ces vampires hors du commun ont inspiré à Julian Osgood Field une nouvelle publiée dans le *Pall Mall Magazine* de juillet 1893 sous le pseudonyme de « X.L. » et intitulée « A Kiss of Judas ».

Ce n'est que tardivement qu'est apparu le mot « vampire », devenu le terme générique employé universellement de nos jours. Si l'on peut situer de façon assez précise les premières occurrences de ce terme, son étymologie, en revanche, reste obscure. C'est dans un procès-verbal officiel, établi par un certain Frombald, représentant du gouvernement autrichien, et publié dans un journal viennois, *Das Wienerische Diarium* (1725), que le mot, alors orthographié *vanpir*, est semble-t-il utilisé pour la première fois par écrit. Repris dans le célèbre *Visum et Repertum* de Flückinger en 1732, il entre tout naturellement dans la langue allemande sous différentes graphies, *Vampir*, *Vampyr* ou *Wampyr*. Le terme orthographié *vampire* ou *vampyre* entre ensuite pour la première fois dans la langue française, dans un article du *Glaneur de Hollande* du 3 mars 1732, et dans la langue anglaise, dans un article du *London Journal* du 11 mars de la même année. C'est désormais ce mot qui sera couramment utilisé de préférence à tous les termes régionaux que nous avons cités.

Le mot vampire provient de la forme serbe d'un mot existant sous différentes graphies dans la plupart des langues slaves : *vapir* ou *vepir* en bulgare, *vepyr*, *vopyr* ou *opyr* en ruthénien, *upir* en russe et *upier* en polonais, etc. L'origine même de ces mots constitue une énigme. Il existe diverses explications qui sont loin d'être satisfaisantes. Dans son *Etymologie Wörterbuch der Slavien Sprachen*, Miklosich apparente le mot russe *upyr* avec le turc *uber* qui signifie « sorcière ». Dans *The Songs of the Russian People* (1872), Ralston souligne la ressemblance entre le mot « vampire » et deux verbes lithuaniens très proches phonétiquement mais très différents sur le plan sémantique, *wempti* qui signifie « boire » et *wampiti* qui signifie « grogner » ou « gémir ». Le choix du deuxième verbe se justifierait par le fait que, dans les traités de démonologie du Moyen Âge, il est mentionné que les morts n'ayant pas trouvé la paix poussent des gémissements ou des grognements que l'on entend le soir dans les cimetières. Une autre source possible est la racine indo-européenne *pi* que l'on retrouve dans le sanskrit *pi-bami*, le grec *pino* et le latin *bibo* qui signifient « boire ». Une explication plus récente, sinon plus satisfaisante, que les autres serait que « vampire » est un mot-valise constitué de la première syllabe du mot latin *empusa* et de la seconde syllabe du mot slave *upir.* Cette explication ne rend malheureusement pas compte de la consonne initiale *v*. Toutes ces explications ne sont donc que des hypothèses. Le mystère de l'origine du mot vampire reste entier et les seules certitudes que nous ayons sont son origine slave et son apparition au XVIIIe siècle.

4 *Quels sont les différents sens donnés au mot vampire ?*

Dès son apparition dans les langues d'Europe occidentale, le mot vampire a été progressivement utilisé dans des sens très divers. Ainsi trouve-t-on dans le numéro du journal londonien *The Craftsman* du 20 mai 1732, un article intitulé « Political Vampyres », dans lequel Robert Walpole et ses amis Whigs sont assimilés aux morts-vivants buveurs de sang. Cette utilisation du terme à des fins politiques a connu un grand succès. Victor Hugo appelait vampires toutes sortes de tyrans et, de nos jours, des dirigeants politiques de sinistre mémoire comme Hitler, Staline ou Ceauşescu sont souvent assimilés à des vampires. Mais la métaphore du vampirisme ne se limite pas au seul pouvoir politique. Voltaire, en bon rationaliste, indiquait dans son *Dictionnaire philosophique* : « On n'entendait point parler des vampires à Londres, ni même à Paris » mais il ajoutait avec malice « J'avoue que dans ces deux villes, il y eut des agioteurs, des traiteurs, des gens d'affaire, qui sucèrent en plein jour le sang du peuple, mais ils n'étaient point morts, quoique corrompus. Ces suceurs véritables ne demeuraient pas dans des cimetières mais dans des palais fort agréables » (Voltaire : 1961, 61). Voltaire concluait son article en affirmant : « Les vrais vampires sont les moines qui mangent aux dépens des rois et des peuples » (*ibid.* : 64). Au XXe siècle, il est d'usage dans les syndicats ouvriers et les partis politiques de gauche de considérer comme des vampires les capitalistes assoiffés de richesses et les gouvernements libéraux qui les soutiennent. Une gravure de Walter Crane, de 1890, représente un ouvrier allongé sur le sol tandis qu'une énorme chauve-souris portant l'inscription « Kapitalismus » lui suce le sang et qu'un ange ailé, soufflant dans une trompette où est inscrit le mot « Socialismus », vient à son secours. Plus près de nous, dans leur ouvrage *Le Musée des vampires* (1976 : 148), Roland Villeneuve et Jean-Louis Degaudenzi reproduisent une amusante caricature, tirée du n° 1429 de *CFDT Magazine* de février 1973, représentant Valéry Giscard d'Estaing en vampire ailé aux crocs acérés poursuivant un ouvrier en salopette.

En 1761, le naturaliste Buffon a donné le nom de vampires à diverses espèces de chauves-souris suceuses de sang. Si l'existence de ces animaux a été très tôt identifiée en Amérique du Sud, dès le troisième voyage de Christophe Colomb en 1498, on a longtemps entretenu des confusions concernant leur aptitude à sucer le sang des êtres vivants. On a cru par exemple que la chauve-souris géante dite « chauve-souris javelot », dont l'envergure peut atteindre plus de 70 cm, appelée à tort *vampirus spectrum* par Linné en 1758 et vivant en Amérique du sud, faisait partie de cette espèce alors que cet animal est essentiellement frugivore et insectivore. En revanche, les véritables chauves-souris vampires sont des microchiroptères, de minuscules animaux qui ne peuvent ingérer que 10 cm^3 de sang par jour. L'un d'entre eux est le *desmodus rotundus* ou « vampire d'Azara » découvert au Paraguay par le naturaliste espagnol Félix de Azara. C'est l'espèce la plus répandue, à laquelle il faut ajouter la *diphylla ecaudata*, microchiroptère aux pattes velues, vivant au Brésil et se nourrissant exclusivement de sang, et le *diaemus youngi*, vampire à ailes blanches vivant en Guyane. Dans son ouvrage *À la recherche des vampires* (1976), François Ribadeau-Dumas cite également l'*artibeus lituratus*, vivant au Brésil et l'*artibeus trinitatis*, dans l'île de la Trinité. Les chauves-souris vampires authentiques, appartenant à la famille des desmodontidés, qui vivent uniquement en Amérique du Sud et en Amérique centrale, s'attaquent de préférence aux bovins et plus rarement aux humains pendant leur sommeil. Elles avalent chaque fois quelques gouttes de sang soit en suçant une plaie, soit en pratiquant une petite incision avec leurs dents pointues et en léchant ensuite le sang qui s'écoule. Malgré leur petite taille, ces animaux sont redoutables et peuvent provoquer en une nuit la mort d'un bœuf car leur salive contient une enzyme anticoagulante qui empêche la plaie de se cicatriser. Les chauves-souris vampires font des ravages dans le bétail, non seulement parce qu'elles sucent le sang, mais aussi parce qu'elles peuvent transmettre la peste ou d'autres maladies épidémiques. Les chauves-souris d'Europe, quant à elles, même si elles ont une réputation sinistre, ne consomment que des insectes et des fruits, ce qui signifie qu'elles n'ont rien à voir avec les vampires légendaires. Si le cinéma nous représente volontiers la chauve-souris comme l'inévitable avatar du vampire humain, c'est en partie parce que l'isomorphisme de ce dernier et de la chauve-souris a été facilité par la grande cape noire portée par Raymond Huntley, le premier interprète de Dracula, dans la pièce de Hamilton Deane et de John Balderston (1927) tirée du roman de Stoker, dont les pans, lorsqu'ils étaient déployés, évoquaient les ailes de la chauve-souris.

Dans sa thèse de doctorat en médecine soutenue à Lyon en 1901, Alexis Épaulard a donné au mot vampire une nouvelle acception en désignant ainsi un malade mental pratiquant la nécrophilie. Le sujet en question, un certain Victor Ardisson, surnommé le « vampire du Muy », fossoyeur et fils de fossoyeur, avait des rapports sexuels avec les cadavres des femmes qu'il venait d'enterrer. C'est sans doute cette étrange fascination pour la mort qui lui a valu d'être considéré comme un vampire. Pourtant, Ardisson, timide, rêveur et d'un tempérament docile, correspondait bien mal à l'idée que l'on se fait des prédateurs nocturnes. On a aussi donné l'appellation de vampire à un autre nécrophile célèbre, le sergent Bertrand (1824-1865), surnommé le « vampire de Paris », accusé par le Conseil de Guerre d'avoir profané plusieurs dizaines de tombes dans divers cimetières parisiens avant de s'acharner avec une extrême violence sur les cadavres qu'il exhumait. De nos jours, dans la presse, on appelle volontiers vampires des criminels psychopathes obsédés ou non par le sang. Entrent dans cette catégorie non seulement les « étrangleurs » ou les « éventreurs », mais aussi les délinquants sexuels ou les violeurs en série. Certains de ces « vampires » ont défrayé la chronique. Les plus connus sont le « vampire de Hanovre », Fritz Haarmann (1842-1926), accusé de vingt meurtres reconnus, alors que, dans la seule année 1924, on a dénombré dans la ville de Hanovre environ six cents disparitions d'adolescents; Peter Kürten (1883-1931), le « vampire de Düsseldorf », coupable de vingt-neuf crimes qui a inspiré les films *M le Maudit* de Fritz Lang (1931) et *Le Vampire de Düsseldorf* de Robert Hossein (1965); John George Haigh (1910-1949), le « vampire de Londres », qui a assassiné neuf personnes dont il a bu le sang. Plus récemment, le « Vampire de Nuremberg », Kuno Hoffmann, qui avait profané des tombes dans une quinzaine de cimetières pour exhumer des cadavres de femmes et boire leur sang, a assassiné deux personnes le 6 mai 1972. Dans son livre *Serial Killers* (2003), Stéphane Bourgoin, le spécialiste des tueurs en série, cite également le cas de Richard Chase, le « vampire de Sacramento », mort par overdose de médicaments au pénitencier de San Quentin le 26 décembre 1980. Le même Stéphane Bourgoin a récemment réalisé un reportage sur Roderick Farrell, surnommé dans la presse américaine le « vampire du Kentucky » qui, à l'âge de seize ans, a sauvagement assassiné, le 25 novembre 1996, les parents de sa petite amie pour lui prouver qu'il était vraiment un vampire.

Une tout autre signification du mot vampire a été introduite au début du XXe siècle, c'est celle du « vampire psychique » appelé aussi parfois « vampire énergétique ». C'est Montague Summers qui en a le premier donné une définition dans *The Vampire, His Kith and Kin* (1928). Selon lui, le vampire psychique qu'il appelle aussi *psychic sponge* est un être capable de soutirer la force vitale d'autrui pour se l'approprier. Il montre qu'il n'existe guère de différence entre ce type d'individu et le vampire sanguinaire : « Le sang est l'essence même de la vie, et même s'il n'y a pas véritablement de succion du sang, il est un vampire qui peut – consciemment ou inconsciemment – conforter son existence et régénérer son corps en soutirant la vitalité des autres. On peut lui donner le nom d'"éponge psychique" » (Summers : 1928, 134-135). Citant la Bible (3e Livre des Rois, I, 1-4), l'auteur rappelle que le roi David, devenu vieux, avait recours au contact de jeunes vierges, que pourtant il ne « connaissait pas », pour régénérer ses forces vitales. Plus récemment, Roland Villeneuve, s'appuyant sur les thèses de Charles Lancelin, affirme dans son livre *Loups-garous et vampires* (1991) : « L'individu, mort ou vivant, qui, par radiation ou par osmose, aspire la vie d'un autre individu vivant "pour se l'assimiler", soit dans un but purement égoïste, soit dans un but d'altruisme, pour en faire profiter autrui est un parfait vampire » (Villeneuve : 1991, 78). Dans l'état actuel de nos connaissances scientifiques et médicales, rien ne permet de confirmer ou d'infirmer la thèse du vampirisme psychique. Il faut bien reconnaître que la notion de « force vitale » est en elle-même assez vague. Les témoignages que l'on peut recueillir à ce sujet sont nécessairement subjectifs. Il est certes arrivé à chacun de nous de ressentir une forte lassitude à la suite d'une conversation particulièrement volubile et il est hors de doute que certains orateurs (Hitler en était un) ont la faculté d'exercer sur leur auditoire une fascination quasi hypnotique mais il n'est pas nécessaire de faire appel à l'idée de transfert d'énergie psychique pour expliquer de tels phénomènes. En tout cas, l'idée du vampirisme psychique a séduit les adeptes de l'ésotérisme et de l'occultisme. Certains occultistes prétendent, par exemple, que les sorciers africains peuvent capter l'énergie psychique d'une foule en transe et s'en servir pour projeter à distance leur corps astral.

Il faut rappeler aussi que le mot *vamp* désignant les femmes fatales est l'abréviation de vampire. La première actrice à laquelle Hollywood donna ce nom, en 1914, était une jeune Danoise, Theodosia Goodman dite Theda Bara (1890-1955), qui avait adopté ce pseudonyme parce que c'était l'anagramme d'*Arab Death*. Elle posait volontiers pour les photographes dans des attitudes lascives, assise sur un squelette humain, et c'est elle qui, pour la première fois à l'écran, a embrassé son partenaire sur les lèvres, ce qui était extrêmement audacieux à l'époque. Le glissement sémantique du mot vampire à son abréviation *vamp* montre que le mort-vivant sanguinaire, quel que soit son sexe, était non seulement perçu comme un prédateur mais aussi comme un séducteur.

5 *À quelle époque les vampires ont-ils fait leur apparition ?*

Cette question a suscité bien des controverses. Certains spécialistes, comme Montague Summers, n'hésitent pas à faire remonter l'origine des vampires à la Préhistoire, ce qui est manifestement exagéré. D'autres, comme Jean-Claude Aguerre, affirment au contraire que l'on ne peut parler véritablement de vampires qu'au début du XVIIIe siècle, c'est-à-dire à partir du moment où l'on a trouvé un terme générique pour les désigner. Jean-Claude Aguerre qualifie de « protovampires » toutes les créatures suceuses de sang avant cette époque. Il fait remarquer que ce n'est qu'au début du XVIIIe siècle que les trois caractéristiques définissant le vampire, le fait d'être un mort-vivant, de sucer le sang d'autrui et de contaminer ses victimes pour en faire de nouveaux vampires, sont enfin réunies. Il postule par ailleurs, ce qui peut sembler *a priori* paradoxal, que le vampire est un pur produit du Siècle des lumières alors même que son existence a été dûment réfutée par les encyclopédistes, puis par l'Église au nom de la raison triomphante. Dans un article intitulé « Résistance de la chair, destitution de l'âme », publié dans les actes du colloque de Cerisy, *Vampires* (1993), Jean-Claude Aguerre justifie ainsi sa position : « À l'aube du Siècle des lumières, l'esprit de divin devient scientifique, l'expérimentation montre la chair périssable, dénuée de sainteté. Le vampire s'offre comme un refuge. L'Encyclopédie triomphe, l'Église défaille » (Aguerre : 1993, 87). L'idée est assurément intéressante : partant du même constat que celui de Louis Vax qui affirmait que la « littérature fantastique était fille de l'incroyance », Jean-Claude Aguerre montre que le vampire ne peut s'imposer comme figure de l'imaginaire qu'à partir du moment où l'on a cessé de croire aux démons du passé et où, par conséquent, il a été dépouillé de toute l'aura de mystère et de surnaturel qui l'entourait.

Si le terme par lequel on désigne aujourd'hui ces prédateurs n'est apparu qu'en 1725, on peut néanmoins parler de vampires dès la dernière décennie du XVIIe siècle. Les rumeurs concernant l'existence de ces êtres maléfiques en Europe centrale et orientale ont pris une telle dimension qu'elles suscitent la curiosité des voyageurs et des chroniqueurs occidentaux. Dès le début du siècle, les événements concernant des morts-vivants sont de plus en plus fréquents. En 1617, des chroniques font état de morts qui ne se contentent pas de mâcher dans leur tombe comme les *Nachzehrer* mais qui sortent la nuit pour attaquer les personnes qu'ils rencontrent. En 1624, Rzaczinsky émet l'hypothèse selon laquelle ce sont des démons qui possèdent les corps des défunts pour leur donner un semblant de vie. En février de la même année, en Pologne, à Clépardie près de Varsovie, une femme morte et enterrée trois semaines plus tôt est soupçonnée d'avoir provoqué la mort de deux autres femmes et d'un enfant. En ouvrant le cercueil, on retrouve le corps parfaitement préservé et ayant le teint rosé. Au moment où l'on lui transperce le cœur, un flot de sang jaillit. Cette affaire et d'autres cas similaires intéressent les chroniqueurs et les érudits qui ont publié de savantes exégèses comme la *Dissertatio historico-philosophica de masticatione mortuorum* de Philip Rohr (1679). Comme l'indique le titre de son essai, Rohr s'intéresse plutôt aux défunts qui provoquent à distance la mort des passants en mâchant dans leur tombe, qu'aux créatures suceuses de sang. Le tout premier texte traitant de vampires au sens où nous l'entendons aujourd'hui est un article paru dans le *Mercure Galant* (mai 1693). Faute d'un terme reconnu, l'auteur, un certain Desnoyers, consacre six pages à ce qu'il appelle les « stryges de Hongrie ». Sous la signature de Marinier, un autre article, paru en février 1694 dans la même revue, reprend le texte de Desnoyers pour le commenter. Il consacre un long développement à ces morts qui, en Russie, sucent le sang de leurs proches. Il est intéressant de remarquer que si cette croyance est limitée à l'est de l'Europe, on en trouve des échos dans d'autres cultures à la même époque. C'est ainsi que, lors des célèbres procès en sorcellerie de Salem, de 1691 à 1693, la femme et la fille de Thomas Putnam, ainsi qu'Abigail Williams et Mary Walcut affirmèrent avoir été mordues jusqu'au sang par des démons pendant leur sommeil et elles exhibèrent les plaies qui en donnaient la preuve.

Au début du XVIIIe siècle, paraissent divers traités sur la question ainsi que des rapports sur divers cas de vampirisme. En 1704, est édité à Olmütz un ouvrage de Carl Ferdinand Schertz, *Magia posthuma*, évoquant des cas de revenants en corps et posant les problèmes juridiques relatifs aux exhumations. En 1725, apparaît pour la première fois le mot vampire orthographié *vanpir*, dans un autre rapport concernant cette fois un paysan du village de Kisilova en Serbie, Peter Plogojowitz, accusé d'avoir provoqué la mort de huit personnes, qui inspirera au philosophe Michael Ranft sa *Dissertatio historico-critica de masticatione mortuorum in tumilis*, Leipzig, 1725. Mais l'enquête la plus importante, menée en 1731 par un médecin viennois nommé Glaser, concerne un cas de vampirisme dans un autre village de Serbie du nom de Medwegya, non loin de la frontière turque. Les témoignages des villageois sont consignés dans un rapport, publié en 1733, où Glaser utilise cette fois le mot *vampyr*. Devant l'inquiétude grandissante de la population, les autorités lancent une enquête supplémentaire sous la direction du chirurgien militaire Flückinger. Celui-ci rédige son rapport intitulé *Visum et Repertum* le 26 janvier 1732. Le présumé vampire (orthographié cette fois *vampir*) est identifié : il s'agit d'Arnold Paole, un paysan mort cinq ans auparavant en tombant d'une charrette. Flückinger fait exhumer les cadavres de dix personnes censées être les victimes du vampire. Il les fait ensuite décapiter et brûler.

Cette histoire a eu grand retentissement dans toute l'Europe car elle a été colportée par les gazettes en Autriche, en Allemagne, en France et en Angleterre, pour être reprise et commentée ensuite dans divers traités savants comme la *Dissertatio physica de cadeveribus sanguisugis* de Johannes Stock (1732), la *Dissertatione sopra i vampiri* de Giuseppe Davanzati (1744) et surtout la célèbre *Dissertation sur les apparitions des anges, des démons et des esprits et sur les revenants de Hongrie, de Bohème, de Moravie et de Silésie*, de Dom Augustin Calmet (1746) révisée en 1751. Voulant réfuter la croyance aux vampires, Dom Calmet (1672-1757), moine bénédictin de l'abbaye de Senones et exégète connu de la Bible, a réuni dans cet ouvrage un très grand nombre de cas de vampirisme rapportés par diverses sources. Ce traité constitue une véritable mine d'informations pour les historiens et les anthropologues.

Ces divers ouvrages sont devenus un sujet de conversation dans les cours et les salons d'Europe occidentale. Louis XV envoya même à Vienne le duc de Richelieu pour en savoir plus sur cette affaire. Il y eut aussi des querelles entre ecclésiastiques concernant l'existence des morts-vivants, les uns refusant d'y croire, les autres y voyant une manifestation du démon. En France, tout le bruit fait autour des vampires agaça prodigieusement les encyclopédistes et Voltaire lança son célèbre anathème dans son *Dictionnaire philosophique* : « Quoi ! C'est dans notre dix-huitième siècle qu'il y a eu des vampires ! C'est après le règne des Locke, des Trenchard, des Collins ; c'est sous le règne des d'Alembert, des Diderot, des Saint-Lambert, des Duclos, qu'on a cru aux vampires... » (Voltaire : 1961, 61). L'Église elle-même était très ennuyée par la tournure que prenait cette querelle. Le pape Benoît XIV (Prospero Lambertini) lui-même condamna ces croyances en quelques pages dans le Livre IV de la seconde édition de son traité *De servorum dei beatificatione et de beatorum canonizatione* (1749). Le grand paradoxe du Siècle des lumières au sujet des vampires est d'avoir révélé leur existence à l'Europe occidentale pour mieux la réfuter au nom de la raison.

6 *A-t-on cru à des êtres suceurs de sang avant le XVIIe siècle ?*

La croyance en des êtres surnaturels capables d'absorber le sang des mortels remonte à la nuit des temps. Le sang, principe vital par excellence, a toujours fasciné les hommes. Il n'est donc pas étonnant que, dès l'apparition de l'homme, il ait été associé à leurs craintes et à leurs fantasmes. Les divinités ou les génies vampires les plus anciens sont ceux que l'on trouve dans les mythologies des civilisations précolombiennes ou chez les Babyloniens. Chez les Aztèques, par exemple, le dieu du printemps Xipe-Totec, ce qui signifie « notre seigneur l'écorché », était assoiffé de sang. Lors des fêtes en son honneur, les prêtres immolaient des dizaines de victimes en leur arrachant le cœur, afin d'offrir leur sang au dieu. D'autres victimes étaient attachées à un cadre de bois et transpercées de flèches. Le sang qui coulait de leurs plaies était censé fertiliser la terre et annoncer les pluies de printemps. Les Aztèques, par ailleurs, craignaient la *Cihuateteo* ou *Civitateo*, fantôme d'une femme noble morte en couches. S'attaquant de préférence aux enfants, elle leur inoculait des maladies de langueur, se nourrissant de leur angoisse et de leurs souffrances, et, plus rarement, elle leur suçait le sang. La *Cihateteo* avait un lien avec le terrible dieu Tezcaklipoca. Au Pérou précolombien, le *Canchu* ou *Pumapmicuc* s'attaquait aux guerriers les plus robustes pour leur sucer le sang.

Il y a une très ancienne tradition du vampire dans les pays de l'Asie Mineure, la Perse, l'Assyrie et la Mésopotamie. Dans *The Vampire, His Kith and Kin*, (1928 : 226), Montague Summers indique que la toute première représentation d'un être apparenté aux vampires était gravée sur un bol préhistorique trouvé en Perse lors de fouilles archéologiques. On voyait un mortel aux prises avec une créature qui lui suçait le sang. Les plus lointains ancêtres des vampires sont probablement les incubes et les succubes auxquels croyaient les habitants de la Mésopotamie environ 2 000 ans avant notre ère. Ces démons ne suçaient pas le sang mais les premiers visitaient les femmes endormies et exerçaient sur elles des pratiques sexuelles qui épuisaient leur vitalité et les seconds faisaient subir le même sort aux hommes. L'une des plus anciennes divinités nocturnes est Lilitû, divinité babylonienne assoiffée de sang qui, bien des siècles plus tard, a donné son nom à Lilith, la première femme d'Adam. Après avoir été rejetée par Adam, Lilith est devenue elle aussi une créature maudite qui suçait le sang des enfants et elle est considérée comme la mère de tous les vampires. En Assyrie et à Babylone, 6 000 ans avant notre ère, l'*Ekimmu* était une créature prédatrice qui préfigurait étrangement le vampire européen des temps modernes car c'était un cadavre qui ne pouvait pas trouver le repos et qui s'attaquait aux humains pour les dépouiller de leur énergie vitale. Les humains qui devenaient des *Ekimmu* après leur mort étaient ainsi punis parce qu'ils avaient transgressé volontairement ou involontairement un tabou. Les anciens Hébreux craignaient un féroce prédateur, l'*Alukah* ou *Aluka* dont le nom signifie « la sangsue des chevaux ». Capable de prendre une forme humaine ou animale, ce vampire avant la lettre s'attaque non seulement aux chevaux mais il s'en prend aussi aux humains. L'*Algul* d'Arabie, dont le nom arabe a la même signification, est un proche parent de l'*Alukah*. C'est un djinn qui prend l'apparence d'une femme et qui, sous cet aspect rassurant, aborde les enfants pour les enlever afin de leur sucer le sang.

La mythologie gréco-latine, elle aussi, est très riche en divinités malfaisantes censées sucer le sang des humains. Les plus connues sont les lamies, les empuses et les striges. Selon la mythologie grecque, Lamia, fille du roi Bélos, était aimée de Zeus. Héra, l'épouse du dieu, pour se venger, fit périr ses enfants. Lamia, représentée comme un monstre à queue de serpent, jalousa alors toutes les mères et se mit à tuer leurs enfants. Plus tard, on appela lamies des génies féminins s'attaquant de préférence aux jeunes gens pendant leur sommeil, qui leur suçaient le sang et épuisaient leur virilité. Empusa, fille d'Hécate, était une créature démoniaque aux pieds de bronze qui pouvait à volonté prendre la forme d'une jeune fille. Comme précédemment, on a ensuite donné le nom d'empuses à des créatures nocturnes prenant une forme monstrueuse pour effrayer leurs victimes ou, au contraire, apparaissant comme des femmes d'une beauté extraordinaire pour les séduire. Comme les lamies, elles aimaient particulièrement le sang des jeunes hommes. Autres démons nocturnes d'apparence féminine, les striges étaient des femmes au corps d'oiseau qui poussaient des sifflements stridents, enlevaient les nourrissons pour les dévorer ou leur sucer le sang. Au cours de l'ère chrétienne, les striges devinrent en Europe occidentale des sorcières qui enlevaient des enfants, mais cette fois pour les sacrifier à Satan lors du sabbat. C'est ainsi que le mot italien *strega* désigne une sorcière. En Europe orientale, les striges furent assimilées directement aux vampires et, depuis le XVIIe siècle, on nomme *strigoï* les vampires du folklore roumain. La *Mormo* des anciens Grecs était un démon femelle invisible qui s'introduisait la nuit dans la chambre des enfants pour aspirer leur souffle vital. Dans la Rome antique, les lémures ou larves étaient les esprits de défunts revenus des Enfers. Prenant plaisir à semer la discorde parmi les humains, elles se nourrissaient des souffrances qu'elles provoquaient. Les êtres nocturnes de ces croyances antiques, contrairement aux vampires modernes, ne sont pas des revenants mais des génies ou des démons. Il y a eu néanmoins, bien avant l'ère chrétienne, des légendes selon lesquelles les morts pouvaient reprendre vie pour nuire aux vivants. Par exemple, au VIe siècle avant J.-C., les Chinois croyaient que les morts pouvaient se transformer en redoutables démons quand leur âme refusait de quitter leur corps. Les Sumériens pensaient quant à eux que les morts pouvaient sortir de leur tombeau pour errer parmi les humains. Dans la mythologie grecque, le sang passait pour avoir la faculté de redonner vie aux défunts, c'est ainsi que dans le Livre XI de l'*Odyssée*, Ulysse utilise du sang de brebis pour évoquer les ombres des guerriers morts qu'il désire consulter. Les éléments fondateurs du vampirisme sont donc présents dans l'imaginaire collectif bien avant le début de l'ère chrétienne. Enfin, en Europe même, il y a eu, notamment dans les pays nordiques, chez les Saxons, les Normands et les Celtes, toutes sortes de croyances païennes qui ont laissé des traces dans l'imaginaire des pays scandinaves, d'Irlande et d'Écosse. Chez les Vikings, les *Berserkers* étaient des guerriers farouches qui buvaient le sang de leurs ennemis pour s'approprier leur force. Au Danemark, on craignait la *Mara*, nom à l'origine de l'anglais *nightmare* et du français « cauchemar ». Esprit d'une femme morte sans avoir reçu les rites funéraires appropriés, la *Mara* pouvait apparaître comme une belle jeune femme ou, au contraire, comme une vieille mégère, et elle étouffait ses victimes dans leur lit en absorbant leur énergie vitale. En Irlande et dans l'île de Man, le *Dearg-Dul* dont le nom signifie « suceur de sang rouge » était un être appartenant à la famille des fées qui gisait dans les tombeaux. Il pouvait prendre la forme d'un homme ou d'une femme de grande beauté, ce qui lui permettait de séduire ses victimes pour leur sucer le sang. Pour s'en prémunir, il fallait empiler des pierres sur la tombe où il était censé reposer. En Écosse enfin, la *Baoban Sith* ou « Femme blanche des Highlands », était une fée vampire aux pieds de chèvre qui attirait ses victimes au bord d'un précipice pour les faire tomber et boire ensuite le sang qui s'écoulait de leurs plaies.

Ces légendes païennes ont laissé des traces dans les pays celtes, mais c'est pourtant le christianisme médiéval qui est directement à l'origine du vampire européen, tel que nous le connaissons à travers la littérature et le cinéma. On peut dater les premières occurrences du mythe à partir du XIe siècle. Dans son *Dictionnaire infernal*, Collin de Plancy rapporte le récit fait par l'évêque de Cahors, lors du deuxième concile de Limoges en 1031, d'un chevalier de son diocèse, mort excommunié, qui sortait de sa tombe pour tourmenter les membres de sa famille. C'est surtout en Angleterre au XIIe siècle que l'on trouve des récits faisant état de défunts, généralement excommuniés, qui sortent chaque nuit de leur tombe et qui provoquent la mort de leurs proches. La meilleure méthode pour mettre fin au maléfice consiste à brûler le corps après l'avoir transpercé au moyen d'une épée. On ne parle évidemment pas de vampires mais on utilise les termes de *cadaver sanguisugus* ou de *sanguisuga* pour désigner ce type de mort-vivant. Dans la chronique de William de Newburgh, *Historia rerum anglicarum* (1136), plusieurs passages relatent des événements étranges au cours de l'année 1196 sous le règne de Richard Ier. On trouve au chapitre XXII l'histoire d'un homme du comté de Buckingham qui, après sa mort, s'attaquait à ses proches. Lorsqu'on ouvrit sa tombe, le cadavre était intact et ce n'est qu'en plaçant sur sa poitrine une formule d'absolution rédigée par l'évêque de Lincoln que l'on mit fin à ses agissements. Les chapitres XXIII et XXIV racontent des cas similaires à Berwick, dans l'abbaye de Melrose et au château d'Alnwick. Walter Map, de son côté, relate des incidents similaires dans *De nugis curialium* (1181-1193). Il rapporte par exemple, qu'au Pays de Galles, un défunt venait hanter sa propre maison. Lors de chaque visite, il prononçait le nom de l'un des habitants et celui-ci mourait trois jours plus tard. On poursuivit le mort-vivant et on le transperça de son épée, ce qui mit fin à la malédiction. Ces morts-vivants ressemblaient aux vampires modernes, à ceci près qu'ils ne suçaient pas nécessairement le sang de leurs victimes. L'appellation de *sanguisugae* se justifiait néanmoins par le fait que, lorsque l'on ouvrait leur tombe, le corps était généralement ensanglanté, ce qui, aux yeux des témoins, constituait la preuve qu'ils avaient absorbé du sang.

Si ce type de croyance était assez répandu dans les îles britanniques aux XIe et XIIe siècles, on relève, en revanche, très peu de cas de ce genre à la même époque sur le continent européen. Dans la région des Abruzzes en Italie, on craignait la *strega chi succia il sangue* (la sorcière qui suce le sang), morte-vivante ayant l'aspect d'une vieille femme qui volait dans les airs et suçait le sang des enfants. La *strega* des Italiens se rapproche de la *bruxa* du Portugal et de la *bruja* de l'Espagne. C'est précisément en Catalogne qu'a couru une légende du XIe siècle concernant un certain comte Guifred Estruch qui passait pour être devenu vampire après sa mort. En France, certaines croyances très localisées concernant des créatures suçant le sang de leurs victimes ou absorbant leur force vitale, ont existé sans toutefois laisser de traces profondes dans l'imaginaire collectif. C'est ainsi, que dans le Jura, les « dames blanches » étaient des esprits qui séduisaient les jeunes gens pour leur sucer le sang. Si, en France, très peu de cas de morts-vivants ont été répertoriés et n'ont laissé aucune trace significative, en Angleterre, on trouve des vestiges de ces superstitions jusqu'au XIXe siècle. Ainsi a-t-on eu longtemps coutume d'enterrer les condamnés à mort et les suicidés à la croisée de deux chemins (symbole de la Croix), voire de leur planter un pieu dans le cœur, afin d'empêcher leur retour sous forme de morts-vivants, et Antoine Faivre nous rappelle qu'il fallut même faire voter une loi par le parlement britannique, en 1824, pour faire cesser de telles pratiques (Faivre : 1962, 118). En dehors de ces rites qui se sont perpétués de génération en génération sans que l'on sache très bien quelles en étaient l'origine et la signification, la croyance aux morts-vivants en Europe occidentale a pratiquement disparu à partir du XIIIe siècle.

Ces revenants ont alors en quelque sorte émigré vers l'est de l'Europe, puisque, dès le XIVe siècle, on les retrouve dans des contrées d'Europe centrale comme la Silésie, les Sudètes et la Prusse orientale. Dans ces pays germanophones, on emploie pour les désigner non plus des mots latins mais des néologismes allemands. Certains morts-vivants appelés *Nachzehrer* ou *Nachtzehrer* mâchent dans leur tombe. D'autres, plus proches du vampire moderne, les *Blutsaüger*, aspirent directement le sang de leurs victimes. En 1345, à Lauenburg, le baron Steino von Retten, mort de la peste, sort de sa tombe plusieurs nuits consécutives. Le Hofmeister donne l'ordre de transpercer le corps à l'aide d'une épée pour mettre fin au maléfice. Dans sa *Chronique de Bohème*, Hagetius relate des faits similaires, l'un dans le village de Blow en

1337, l'autre dans la petite ville de Lewin en 1345. Dans les deux cas, on déterre le mort-vivant, on lui enfonce un pieu dans le ventre et on incinère ensuite le corps. Ces revenants en corps étaient certes effrayants mais ils étaient inoffensifs car, à aucun moment, on ne dit qu'ils aient pu causer la mort de quiconque. Les choses allaient changer au siècle suivant. Dans les pays de langue allemande, pendant les épidémies de peste, l'idée se répandit que les *Nachzehrer* provoquaient à distance la mort des survivants. On mit alors dans la bouche des personnes décédées une pierre ou un pfennig pour les empêcher de mâcher. Ainsi, selon Antoine Faivre (Faivre : 1962, 42-43), diverses chroniques révèlent des cas précis de personnes mortes mâchant dans leur tombe et dévorant leur linceul en 1558, 1564 et 1567, en Prusse orientale. Chaque fois que l'on ouvrait une tombe, on trouvait le cadavre baigné de sang et, peu à peu, l'idée s'est répandue selon laquelle le mort avait absorbé le sang de ses victimes. C'est à cette époque qu'ont été publiés les premiers traités sur ces morts-vivants comme le *De spectris, lemuribus* (Genève, 1575) de Louis Lavater. La croyance en ces vampires avant la lettre a gagné progressivement les pays de l'est de l'Europe comme la Bohême, la Hongrie, puis la Russie. Au sud, elle a trouvé un domaine d'élection dans les Balkans, principalement en Slovénie, en Bosnie, en Croatie, en Serbie et au Monténégro, puis en Valachie, en Transylvanie, et en Moldavie, en Bulgarie et en Arménie. Le cas de la Grèce, pays non slave, est plus complexe car des croyances qui existaient déjà localement se sont modifiées sous l'influence des pays limitrophes. Depuis longtemps les Grecs croyaient en des revenants en corps, les *vrykolaka*s, mot signifiant étymologiquement « loup-garou » et francisé par la suite en *broucolaques*. Ces morts-vivants sortaient de leur tombe parce que, excommuniés ou inhumés sans avoir reçu les derniers sacrements, ils étaient condamnés à errer ici-bas. Les broucolaques étaient inoffensifs et il suffisait, pour leur redonner la paix, d'annuler l'excommunication qui les frappait ou de leur donner l'extrême-onction à titre posthume. Vers la fin du XVIe siècle, en revanche, les broucolaques se font plus menaçants et ils s'attaquent même aux vivants pour leur sucer le sang, à l'instar de leurs homologues des pays slaves. Tous les éléments qui constituent la mythologie du vampire moderne se mettent en place progressivement à la fin du XVIe siècle, mais ce n'est qu'au siècle suivant que ce personnage va enfin paraître au grand jour, muni de tous ses attributs.

7 *Existe-t-il un rapport quelconque entre les légendes concernant les vampires et l'Histoire ?*

Il est hors de doute que certains événements, voire certains personnages historiques ont contribué à étayer la croyance aux vampires, et cela est particulièrement vrai en Europe. On a pu constater par exemple, que les périodes de l'Histoire où ces superstitions ont atteint leur paroxysme coïncident avec les grandes épidémies de peste. Au XVIIe siècle, véritable âge d'or des vampires avant la lettre, ont eu lieu des épidémies particulièrement meurtrières. La peste frappait aussi bien le bétail que les hommes et il n'en fallait pas plus, dans les pays les plus superstitieux, pour y voir l'œuvre d'un vampire. On attribuait volontiers les épidémies ou les morts suspectes à la présence d'un vampire. En Serbie au début du XVIIIe siècle, il suffisait que, dans un village, plusieurs personnes meurent à quelques jours de distance, pour qu'une véritable psychose collective s'empare de la population. On allait alors au cimetière pour ouvrir toutes les tombes et débusquer le vampire qui en était responsable. C'est ainsi que les faits concernant des paysans comme Arnold Paole et Pierre Plogojowitz, les premiers véritables vampires de l'Histoire au sens où l'on entend ce mot aujourd'hui, ont pu prendre une telle ampleur car ils ont suscité la curiosité des Européens occidentaux incrédules qui ont enquêté sur ces affaires.

Parallèlement à ces croyances collectives, on cite souvent, à tort ou à raison, les noms de personnages historiques célèbres dont les crimes ont pu alimenter toutes sortes de rumeurs et contribuer à répandre la crainte des vampires. Lorsque l'on parle de ces prédateurs, un nom vient immédiatement à l'esprit : celui du Dracula historique, Vlad IV, voïvode de Valachie (1431-1476) surnommé *Ţepeş* (l'Empaleur) qui a inspiré Bram Stoker. Fils de Vlad Dracul, et surnommé lui-même Dracula (également orthographié Drakula ou Drakulya), ce personnage s'est signalé à la fois par son courage et sa détermination pour combattre les envahisseurs turcs et par son extrême cruauté. Le nom de Dracul porté par son père est en fait un mot roumain signifiant diable ou dragon. Vlad Dracul n'avait rien de diabolique, ce nom lui ayant été donné parce qu'il a été décoré de l'Ordre du Dragon par l'empereur Sigismond du Luxembourg en 1431 et le nom de Dracula porté par son fils n'est autre que le diminutif de Dracul. Né en 1431 dans la ville fortifiée de Shässburg (aujourd'hui Sighişoara), le jeune Vlad passa une partie de sa jeunesse à la cour du Sultan où il était retenu comme otage avec son frère Mircea. Après s'être évadé en 1448, il succéda à son père sur le trône de Valachie. En 1456, il entreprit de reconquérir toutes les places fortes de Transylvanie occupées par l'ennemi et en 1460, à la tête de dix-neuf mille hommes, il razzia la région, mit à sac la ville de Sibiu, fit torturer, brûler et empaler plus de dix mille personnes, ce qui lui valut son surnom d'Empaleur. En 1461, Vlad fit subir de lourdes pertes à l'armée turque et il libéra la Valachie et la Bulgarie. Une contre-offensive turque le contraignit à se réfugier en Hongrie, où le roi Mathias Corvin le fit emprisonner pour trahison, croyant qu'il avait conclu un accord secret avec les Turcs. Réhabilité, puis libéré en 1475, il reprit la lutte contre les envahisseurs turcs et parvint jusqu'à Targovişte, alors capitale de la Valachie. Sa dernière bataille eut lieu près de Bucarest en décembre 1476. Tombé dans un guet-apens, il succomba sous le nombre de ses assaillants non sans avoir tué cinq d'entre eux. Les Turcs décapitèrent le cadavre et sa tête fut envoyée à Constantinople où elle fut exposée au sommet d'un pieu tandis que son corps fut enterré au monastère de Snagov. Personnage ambivalent, capable d'une extrême fourberie et d'une très grande cruauté, mais aussi excellent stratège et courageux au combat, Vlad Dracula est considéré aujourd'hui en Roumanie comme un héros national. Ceauşescu qui, comme Staline, voulait glorifier les héros du passé afin de stimuler l'ardeur patriotique de ses concitoyens, a fait ériger plusieurs statues à son effigie. Les Roumains acceptent difficilement l'amalgame qui est fait entre le libérateur de leur pays et le vampire imaginé par Stoker. Si Vlad Ţepeş a fait preuve toute sa vie d'une implacable cruauté, aimant regarder le spectacle de ses victimes empalées, il semble que les chroniques allemandes et russes aient fortement noirci le tableau en ajoutant à plaisir des anecdotes particulièrement révoltantes. En tout cas, il n'est jamais dit que Vlad se soit laissé aller à boire le sang de ses victimes ni qu'il soit devenu un mort-vivant. De toute façon, il est impossible d'imaginer un vampire sans tête. La seule contribution de Vlad Dracula au vampirisme est d'avoir donné son nom au héros de Stoker.

Ce n'est d'ailleurs pas tant Vlad Dracula qui a inspiré Stoker, qu'un autre personnage historique, la comtesse hongroise Erzsébet Báthory (1560-1614) surnommée la « Comtesse sanglante ». Épouse du comte Ferencz Nádasdy, valeureux soldat toujours parti sur les champs de batailles, Erzsébet s'ennuyait au château de Csejthe, véritable nid d'aigle situé au sommet d'une colline dans la région montagneuse de la Hongrie proche des Carpates. Elle s'était initiée à la magie noire grâce à l'une de ses servantes, Dorottya Szentes dite Dorkó. Selon les chroniques, la comtesse ayant violemment giflé l'une de ses suivantes, le sang de cette dernière éclaboussa ses bras. Après avoir essuyé une des taches de sang séché, Erzsébet crut constater que sa peau, à cet endroit, avait un éclat extraordinaire. Elle en conclut que le sang pouvait effacer les rides et qu'il garantissait l'éternelle jeunesse. Elle commença à faire enlever des jeunes filles pour leur soutirer le sang et prendre des bains dans le précieux liquide. Ce faisant, elle prit plaisir à torturer ses victimes avant de les saigner complètement. Après la mort de son mari en 1600, elle se livra en toute impunité à ses monstrueuses activités aidée par Dorkó, sa nourrice Ilona Jó, son majordome Janos Ujvary dit Ficzkó et une sorcière nommée Darvulia. Pendant dix ans, des dizaines de jeunes paysannes furent enlevées, enchaînées dans les cachots du château, torturées avec raffinement avant d'être saignées à mort. Selon certaines sources, la comtesse prenait non seulement des bains de sang mais elle allait jusqu'à en boire. Le nombre total a de ses victimes a été estimé entre quatre-vingts et trois cents. Informé par des rumeurs concernant la disparition de dizaines de jeunes femmes, le cousin d'Erzsébet, György Thurzó, investit le château le 29 décembre 1610, le lendemain d'une orgie sanglante, à la tête d'une compagnie de soldats et de gendarmes. Outre des cadavres, on découvrit dans les souterrains du château des prisonnières enchaînées dont le corps avait été lardé de coups d'aiguilles et d'autres jeunes femmes qui n'avaient encore subi aucun sévice mais qui attendaient leur tour. On trouva aussi les divers instruments de torture, fers, aiguilles et ciseaux, ainsi que les rouages de la « vierge de fer », sorte de cage munie de pointes, et du sang séché dans des grands pots et au fond d'une cuve. Les complices d'Erzsébet furent arrêtés, traduits devant les juges le 2 janvier 1611 et exécutés le 6 janvier. La comtesse appartenant à la famille royale, son cousin lui épargna l'ignominie d'un procès public mais il la condamna à être enfermée dans sa chambre jusqu'à sa mort. On mura les fenêtres et la porte de sa chambre en ne laissant qu'un étroit guichet par lequel on lui faisait passer l'eau et la nourriture. C'est là que mourut la comtesse sanglante, le 21 août 1614. Après sa mort, des témoins affirmèrent l'avoir vue la nuit errer dans la campagne et ils en conclurent qu'elle était devenue un vampire. En tout cas, la comtesse Báthory a servi de modèle au Dracula de Bram Stoker qui avait le titre de comte et qui habitait, lui aussi, dans un nid d'aigle.

En France, un nom est souvent, à tort ou à raison, associé au vampirisme, celui de Gilles de Rais ou de Retz (1400-1440), maréchal de France, ancien compagnon de Jeanne d'Arc. Comme Vlad Țepeş, Gilles de Rais était un valeureux guerrier qui avait montré sa bravoure sur les champs de bataille. De retour dans ses terres, pour occuper son temps, il s'intéressa à l'alchimie et il se livra à la magie noire. Espérant trouver dans le sang le secret de la Pierre philosophale, il fit enlever, torturer et saigner à mort de jeunes enfants dont le nombre a été évalué entre cent quarante et trois cents. Il est vraisemblable qu'il soit allé jusqu'à boire leur sang. Alerté par la rumeur publique, le duc de Bretagne le fit comparaître devant des tribunaux civil et religieux. Malgré le repentir qu'il afficha, il fut condamné à mort et exécuté à Nantes en 1440. Contrairement à Erzsébet Báthory, il n'a jamais donné naissance, après sa mort, à des rumeurs superstitieuses selon lesquelles il serait devenu un mort-vivant. En revanche, dans l'imaginaire, on l'a souvent rapproché du personnage de Barbe-Bleue, bien que, contrairement à une idée reçue, il n'en soit pas à l'origine.

8 *Pourquoi les pays d'Europe centrale et orientale ont-ils été plus affectés par le vampirisme que les pays d'Europe occidentale ?*

Lorsqu'au Siècle des lumières, la mythologie du vampire des Balkans est révélée au public d'Europe occidentale, elle provoque immédiatement la stupeur et la curiosité. La croyance en des morts-vivants suçant le sang des humains apparaît d'emblée aux Français et aux Anglais comme une superstition d'un autre âge, totalement étrangère aux traditions légendaires de leurs pays. Si les loups-garous ont été longtemps un objet d'effroi dans les régions rurales de la France et si les Britanniques s'intéressent toujours aux fantômes et aux maisons hantées, le vampire quant à lui leur est totalement inconnu. C'est une simple curiosité exotique dont on parle dans les salons à la mode. Les *sanguisugae* des chroniques anglaises en latin des XIe et XIIe siècles (voir question 6) ont été effacées de la mémoire collective, alors que, en Prusse orientale, en Grèce, en Roumanie, en Hongrie et dans les pays slaves, de telles créatures ont alimenté une tradition légendaire toujours vivace à l'époque moderne (voir question 14). Il y a là une énigme historique pour laquelle on peut trouver des éléments de réponse.

Une première explication tient aux religions qui ont dominé l'Europe. Au Moyen Âge, dans les pays de forte tradition catholique comme la France, l'Italie, l'Espagne et le Portugal, les rumeurs concernant les morts-vivants sont sporadiques. Comme nous en avons émis l'hypothèse, l'Inquisition a sans doute joué un rôle essentiel pour empêcher leur propagation. Fondée vers la fin du XIIe siècle pour lutter contre les hérésies populaires comme le catharisme en France méridionale et en Italie du Nord, l'Inquisition est devenue pour l'Église un redoutable instrument de coercition pour combattre la sorcellerie et les superstitions. La chasse aux sorcières en Occident connaîtra son paroxysme à partir du milieu du XVe siècle et les derniers bûchers ne s'éteindront qu'à la fin du XVIIe siècle. On comprend donc que, dans un tel climat de terreur, il valait mieux ne pas propager des histoires de morts-vivants sous peine d'être accusé de tenir commerce avec le diable.

Le renouveau de ces croyances au XIVe siècle en Prusse orientale, en Silésie et en Pologne, qui étaient alors des pays catholiques, peut s'expliquer partiellement par leur proximité avec des pays de religion orthodoxe. En 1054, au moment du Grand Schisme, les Églises orientales s'étaient séparées du joug de Rome et, devenues autonomes, avaient adopté des pratiques liturgiques et des principes qui leur étaient propres. Au contraire de l'Église de Rome qui combattait les superstitions de façon brutale, les Églises de rite byzantin tendaient à les intégrer dans leur liturgie. C'est ainsi qu'en Grèce, il existait des prières particulières pour redonner la paix aux broucolaques. Dans les Balkans, en Bulgarie et dans les provinces de l'actuelle Roumanie, il suffisait que les popes mettent fin à l'excommunication de personnes devenues vampires après leur mort pour que cesse immédiatement la malédiction. Au lieu de condamner ces croyances, les Églises de rite byzantin leur donnaient ainsi une incontestable légitimité.

Un autre phénomène culturel a fait entrer l'Europe occidentale dans le monde moderne et l'a fait progresser plus rapidement dans la voie du rationalisme que les pays voisins d'Europe centrale, c'est la Renaissance, véritable révolution des esprits et berceau de l'humanisme. Né au XVe siècle, en réaction à l'esprit théologique et autoritaire du Moyen Âge, ce mouvement d'une ampleur sans précédent visait à recréer dans la culture européenne les valeurs intellectuelles et esthétiques de l'Antiquité. Il s'est traduit par un extraordinaire essor des lettres, des arts et des sciences notamment dans des pays comme l'Italie, la France, l'Espagne, l'Angleterre, les Pays-Bas, la Prusse et l'Autriche. Les pays d'Europe centrale et orientale n'en ont subi l'influence que tardivement et ce sont surtout les populations des grandes villes qui en ont bénéficié. Dans les régions peu urbanisées et peu développées économiquement comme les Balkans, la Bulgarie, la Grèce et la Roumanie, les Églises ont gardé toute leur autorité et les superstitions ont pu se maintenir, surtout dans les régions montagneuses comme les Carpates et la Transylvanie à l'écart des grandes voies de communication. Il n'est donc pas étonnant que, à la veille du Siècle des lumières, la croyance aux vampires se soit concentrée dans ces pays. Au début du XVIIIe siècle, la révélation en Europe occidentale de telles croyances a stupéfié et même révolté les esprits éclairés comme ceux de Voltaire, de Rousseau et des encyclopédistes. C'est à cette époque que l'on a pu mesurer le gouffre culturel qui séparait l'Est et l'Ouest de l'Europe.

9 *Comment reconnaît-on un vampire ?*

Le cinéma et la littérature nous ont donné du vampire une représentation qui ne correspond guère à ce que décrivaient les chroniques des XVIIe et XVIIIe siècles. L'une des caractéristiques les plus connues en est l'hypertrophie dentaire. Le cinéma affuble volontiers le prédateur nocturne d'incisives (cf. *Nosferatu* de Murnau) ou de canines démesurément longues (dans les différents films où paraît Dracula à partir de 1958). Cette hypertrophie dentaire a été attestée dans certaines régions, mais ce n'est pas une caractéristique universelle. Le vampire de la tradition légendaire absorbe généralement le sang par succion à travers la peau et les deux marques sur le cou des victimes sont une invention des écrivains et des cinéastes. Dans tous les romans et nouvelles où paraissent des vampires, ces êtres se reconnaissent également par leur pâleur cadavérique. Or c'est précisément leur teint cramoisi qui, dans la tradition légendaire, permettait de les identifier. On sait qu'au Moyen Âge le fait qu'un cadavre soit trouvé intact dans sa tombe après y avoir séjourné plusieurs semaines était soit une preuve de sainteté, soit au contraire un signe de damnation. C'est *a priori* l'odeur qui permettait de faire la différence, les saints exhalant dans leur cercueil un parfum exquis, d'où l'expression « être en odeur de sainteté », tandis que les damnés dégageaient une odeur de putréfaction.

En dehors de leur teint rubicond, certaines particularités physiques permettaient de distinguer les vampires des êtres humains ordinaires, comme le fait d'avoir une touffe de poils dans la paume de la main, ce que Jonathan Harker remarque lorsqu'il rencontre Dracula dans le roman de Stoker. Il fallait aussi se méfier d'individus dont les sourcils anormalement épais se rejoignaient au-dessus du nez, ou de ceux qui avaient des yeux d'un bleu très pâle ou au contraire d'un brun très foncé, ainsi que de ceux qui avaient les cheveux roux ou qui étaient totalement chauves (comme nous le montre Murnau dans son *Nosferatu*). Dans les Sudètes en particulier, le vampire n'a ni reflet ni ombre. Les vampires du folklore roumain ont d'autres particularités tout à fait extraordinaires. Leur colonne vertébrale est souvent prolongée par une queue courte et velue qui peut s'allonger à la chaleur. Enfin le vampire roumain est souvent pourvu de deux cœurs. Dans les villages de Serbie, il n'était guère facile de repérer parmi les tombes d'un cimetière celles qui contenaient à coup sûr un vampire, à moins de les ouvrir toutes. Il y avait cependant quelques indices fiables : si la croix surmontant une tombe était de guingois, si elle était renversée ou enfoncée dans la terre, il n'y avait aucun doute et si l'on trouvait à proximité d'une tombe de petits trous dans le sol, c'étaient les issues par lesquelles le vampire, transformé en brouillard, pouvait quitter sa sépulture. Lorsque le doute subsistait, on faisait monter un cheval entièrement noir ou entièrement blanc, n'ayant jamais sailli, par un jeune garçon vierge entièrement nu. On promenait ainsi le cavalier dans le cimetière. Si le cheval se cabrait devant une tombe, c'est que celle-ci contenait un vampire. Les Gypsies et les Tziganes croyaient par ailleurs que certaines personnes avaient le don de reconnaître infailliblement un vampire; en Serbie, ce sont les *vampiritch* ou *vampirovitch*, en Bohème et en Hongrie, on les appelle *dhampires*.

En dehors de ses particularités physiques qui n'étaient pas nécessairement décelables au premier coup d'œil, le vampire légendaire avait l'apparence d'un être humain ordinaire. Contrairement à ce que nous voyons au cinéma, le vampire des légendes n'est ni un séducteur, ni même un aristocrate : c'est souvent une créature décérébrée qui s'apparente plus aux zombies du cinéma qu'à la belle Carmilla de Le Fanu et c'est, la plupart du temps, un simple paysan illettré.

10 *Comment devient-on vampire dans la tradition légendaire européenne ?*

La littérature et le cinéma nous ont appris, en conformité avec les croyances du XVIIe siècle, que les victimes d'un vampire devenaient elles-mêmes automatiquement des vampires après leur mort. C'est ce qui fait l'une des spécificités du personnage. Ces mêmes croyances révèlent que certaines personnes sont plus prédisposées que d'autres à connaître ce funeste sort, même si elles n'ont jamais rencontré le moindre vampire, et cela tantôt par leur propre faute, tantôt parce que le destin aveugle l'a voulu ainsi. Tout individu ayant une malformation quelconque, des taches rouges sur le corps ou des taches noires sur les ongles, est prédisposé à devenir vampire. C'est aussi le cas des enfants nés avec des dents dans la bouche ou coiffés d'une peau ainsi que des enfants mort-nés, des victimes de mort violente (accident, assassinat ou suicide) et d'une façon générale de toute personne morte sans avoir reçu les derniers sacrements ou inhumée en terre non consacrée. Sont aussi prédestinés les criminels et les individus qui ont pratiqué la magie noire. En Bulgarie, le fait de boire ou de fumer pendant le Carême est suffisant pour encourir cette malédiction. Dans de nombreux pays, un mort deviendra vampire si un chat ou un autre animal saute par-dessus son corps ou si des pies survolent son cercueil pendant que le cortège funèbre va au cimetière (ce que Dreyer a montré dans son film *Vampyr*). En Grèce, où l'on confond parfois le vampire et le loup-garou, le fait d'avoir mangé de la viande d'un mouton tué par un loup est une raison suffisante pour devenir une créature de la nuit.

11 *Quels sont les moyens de lutter contre les vampires ?*

Lorsque meurt une personne prédisposée à devenir vampire, il faut prendre certaines précautions au moment de la mise en bière. En Roumanie, on enfonce un clou dans le front du défunt ou l'on transperce le corps d'aiguilles, ou encore on l'enduit de la graisse d'un cochon tué le jour de la Saint-Ignace. Dans le delta de la Vistule, on place des croix de bois sous les aisselles et le menton du mort ainsi que sur sa poitrine. Dans les Sudètes, pour empêcher le mort de mâcher dans sa tombe, on lui met dans la bouche un caillou, une pièce de monnaie ou on lui glisse sous la langue une feuille de papier où sont inscrits des extraits de l'Évangile de saint Luc. Pour empêcher l'âme du défunt de réintégrer son corps, on place dans sa bouche un objet qui la scelle hermétiquement : une gousse d'ail en Roumanie, une hostie consacrée en Grèce, un citron ou une touffe d'herbe en Saxe. Il est d'usage également, dans une maison mortuaire, de décrocher tous les miroirs ou de les tourner contre le mur pour empêcher l'âme du défunt d'être absorbée par le miroir avant de réanimer ensuite le corps. Enfin on cloue le corps au fond du cercueil. Dans les Sudètes, on ensevelit le corps dans une sorte de résille : le vampire devra chaque année en défaire un maillon. En Russie, on place dans le cercueil des graines de pavot : le vampire doit les recompter chaque nuit, ce qui lui interdit d'en sortir. Pour empêcher les suicidés, les condamnés à mort et les excommuniés de devenir vampires, on les enterre à la croisée de deux chemins.

Si toutes ces précautions se révèlent insuffisantes et si le vampire parvient quand même à sortir de sa tombe, il faut protéger les maisons de ses victimes nocturnes. En Serbie et en Bulgarie, on peint une croix au goudron sur les portes et les fenêtres. En Roumanie, on suspend des gousses ou des fleurs d'ail dans toutes les pièces et l'on frotte d'ail les trous de serrure, les fenêtres et les cheminées. On peut aussi disposer des torches à l'extérieur des habitations ou planter un poignard dans la porte d'entrée. Si l'on a un chien noir, on peindra sur son front une paire d'yeux supplémentaire, ce qui terrorisera le vampire. En Russie, on dispose des graines de pavot ou des épines d'églantier sur toutes les routes qui mènent au cimetière : le vampire doit les ramasser une à une avant le lever du soleil. On pourrait encore citer des dizaines de pratiques de ce genre, aussi surprenantes les unes que les autres.

Si les mesures que nous venons de citer sont inopérantes, il faut recourir à des moyens plus efficaces. L'Église peut, dans ce cas, jouer un rôle prédominant. En Grèce, si le vampire est un excommunié, il suffit pour le pope de réciter des prières pour le repos de son âme pour faire cesser le maléfice. En Bulgarie, le prêtre ou le shaman du village dresse une embuscade sur le chemin du cimetière où il doit passer. Il lui présente alors une icône, ce qui fait reculer le monstre. Le prêtre peut alors profiter de son désarroi pour le contraindre à entrer dans une bouteille à la manière des génies des contes orientaux. Le rite le plus répandu et le plus connu du grand public pour éliminer définitivement le vampire consiste, bien sûr, à lui planter un pieu de bois dans le cœur. En Russie, le pieu doit être fait en bois de tremble, bois utilisé pour fabriquer la croix du Christ, ou d'érable. Dans d'autres pays, on préfère l'aubépine car c'est sous l'aspect d'un buisson d'aubépine que Dieu est apparu à Moïse et la couronne d'épines du Christ était faite d'aubépine. En Albanie et en Dalmatie, on utilise un poignard préalablement béni par un prêtre, plutôt qu'un pieu de bois.

Le rituel se déroule de préférence aux premières lueurs de l'aube. L'officiant doit enfoncer d'un seul coup le pieu ou le poignard dans le cœur du vampire; s'il s'y prend en plusieurs fois, ce dernier risque de ressusciter. Lorsque le coup fatal a été porté, le vampire pousse un cri terrible, vomit des flots de sang et s'immobilise définitivement. Dans certains pays, il se volatilise immédiatement en poussière, dans d'autres, le cadavre reste intact et l'on doit le replacer dans son cercueil, non sans avoir maintenu la pointe du pieu dans son cœur. Le pieu de bois n'étant pas toujours suffisant pour éliminer définitivement le vampire, on prend la précaution de le décapiter, la plupart du temps à l'aide d'une bêche de fossoyeur. En Roumanie, on met en outre une gousse d'ail dans la bouche du vampire avant de brûler la tête et le corps. C'est dans ce pays que le rite d'élimination du vampire appelé la « grande réparation » est le plus compliqué. Il varie d'ailleurs selon les provinces. On utilise le plus souvent un pieu en bois mais on peut tout aussi bien se servir d'une broche de cuisine, d'un couteau ou d'un grand clou. Dans les régions où l'on croit que le vampire a deux cœurs, le second étant caché à un endroit inhabituel du corps, on empale littéralement le vampire du fondement à la tête pour avoir la certitude que les deux cœurs ont bien été transpercés. Quant au corps lui-même, on peut le démembrer à l'aide d'une faucille et le faire bouillir dans du vin, tout en brûlant séparément le cœur et le foie. On mélange alors les cendres produites par cette dernière opération avec de l'eau et l'on fait boire cette peu appétissante mixture aux proches du défunt afin de les protéger contre les mauvais sorts. En Transylvanie, les cheveux et le sang du vampire sont brûlés en présence de toute la famille qui doit en respirer la fumée. Dans les régions montagneuses, les restes du cadavre sont jetés du haut d'un pic élevé. Enfin, lorsque tous les rites prescrits ont été exécutés, on referme la tombe et on replace la croix qui porte le nom du défunt.

12 *La croyance aux vampires se limite-t-elle à l'Europe?*

S'il est vrai que le vampire, tel que nous le présentent la littérature et le cinéma, est, comme on l'a vu, issu d'une mythologie purement européenne, cela ne signifie pas pour autant que la croyance à des créatures de ce genre se soit limitée à l'Europe. On peut même affirmer que dans tous les pays du monde et dans toutes les civilisations, à toutes les époques de l'histoire, on trouve des croyances et des pratiques concernant des êtres surnaturels assoiffés de sang ou capables de s'approprier la vie de leurs victimes. Ces créatures sont soit des divinités, soit des esprits malins, soit encore des êtres humains devenus des prédateurs après leur mort.

La croyance aux entités vampires a existé dans les cinq continents. L'Asie, en particulier, a une mythologie et un folklore très riches dans ce domaine. En Malaisie, le *Bâjang* est un esprit masculin qui se repaît de chair humaine et de sang mais qui, au service d'un humain, peut causer la mort de ses ennemis à distance. Plus redoutables encore sont la *Langsuir* et le *Pontyanak*. La première est une femme morte en couches, aux cheveux et aux ongles d'une longueur extraordinaire, qui suce le sang des enfants grâce à une sorte de bouche qu'elle a à la nuque. Pour l'éliminer, il faut lui couper les ongles et les cheveux et s'en servir pour boucher le trou dans sa nuque. Le *Pontyanak*, qui sévit à Java et en Malaisie, est l'esprit d'un enfant mort-né qui sort de sa tombe sous la forme d'une très belle femme et qui s'attaque de préférence aux enfants. La plus étrange de ces entités malaises est la *Penanggalan*. Quand une femme subit une frayeur quelconque alors qu'elle est en train de dire ses prières, elle peut se transformer en *Penanggalan* : sa tête sort littéralement de son corps, entraînant avec elle la colonne vertébrale et les entrailles. Elle vole alors dans les airs et elle attaque les animaux et les humains, de préférence de jeunes enfants, pour s'en nourrir. Pour s'en prémunir, il faut parsemer des chardons autour de la maison. La mythologie indienne est elle aussi très riche en prédateurs de toutes sortes. Parmi les esprits vampires de l'Inde, l'*Acheri* est le fantôme d'une petite fille qui provoque chez ses victimes une maladie respiratoire. Véritable vampire psychique, l'*Acheri* se nourrit des souffrances qu'elle provoque. La *Jigar-Khor* est une sorcière qui dépouille à distance ses victimes de leur vie. Le *Vetala* a l'aspect d'une sorcière; il suce le sang des femmes souffrant de démence ou ivres mortes pendant leur sommeil. Le *Hánt-Pare* est un esprit qui s'attache comme une sangsue aux plaies d'un homme blessé pour lui sucer le sang. Le *Hántur-Dor Dong* habite dans les cavernes et se nourrit du sang des chiens et des cochons sauvages. Le *Baital* est un être de petite taille, mi-homme, mi-chauve-souris, qui suce le sang des vivants et qui réanime les morts. Les morts ainsi possédés aiment jouer toutes sortes de mauvais tours aux vivants. Autre vampire de l'Inde, la *Bhuta* est une personne difforme ou souffrant de maladie mentale qui, devenue vampire après sa mort, répand la peste partout où elle va, tandis que la *Chedipe*, dont le nom signifie « prostituée », endort tous les habitants d'une maison et choisit comme victime l'homme le plus robuste, qu'elle vide de son sang en le mordant aux orteils. L'*Aswang* des Philippines, terrible prédateur qui s'apparente au loup-garou, est à l'origine un être humain ordinaire qui a acquis la faculté de se transformer à volonté grâce à la magie. Il peut ainsi devenir à son gré un chien, un oiseau. Comme le vampire européen, l'*Aswang* a une aversion pour l'ail qui le met en fuite. Le *Bebarlang* est un sorcier qui a de vastes pouvoirs psychiques et qui peut projeter son corps astral à distance. Il vole dans les airs et, s'abattant sur un village, il pompe l'énergie vitale de ses habitants. Le *Mandurugo*, dont le nom signifie « suceur de sang », séduit ses victimes sous la forme d'une jolie femme, mais, lorsqu'il est repu, il retrouve sa forme initiale, celle d'un cadavre en décomposition dont la bouche est ornée de crocs acérés. Au Tibet, le *Bhayangkara* est un vampire redoutable qui s'attaque aux humains et aux animaux. Dans les temples tibétains, on l'apaise en lui faisant des offrandes de sang. La Chine a elle aussi son propre vampire, le *Chiang-Shih*, *Ch'ing sih* ou *Kiang-Shi* qui présente des similitudes frappantes avec son cousin européen : c'est à l'origine un être humain qui a péri de mort violente ou qui a commis des crimes; il craint l'ail et la lumière du jour, il ne peut traverser un cours d'eau et il prend parfois l'aspect d'un loup. Il a le corps couvert de longs poils blancs ou verdâtres et des ongles anormalement longs. Au Japon, l'*O-Toyo* est un vampire qui ressemble à un léopard, mais qui peut aussi prendre l'apparence d'une femme; il aspire à distance la force vitale de tous les humains qu'il rencontre. Autre vampire psychique du Japon, le *Buruburu* (dieu de la peur), appelé aussi *Zokuzokugami*, a l'apparence d'un homme ou d'une femme qui tremble violemment. Quand il jette son dévolu sur un passant, il se débarrasse de son propre corps et se colle à l'épine dorsale de sa victime; il lui inspire alors une peur constante dont il se nourrit. Quand elle ne suicide pas, la victime finit par mourir de peur et le *Buruburu* doit alors chercher une autre proie. Les seuls vampires sanguinaires du folklore japonais sont le *Gaki* et le *Gashadokuro*. Le *Gaki* est le fantôme d'un pécheur condamné à souffrir éternellement d'une soif inextinguible. Plus il boit le sang de ses victimes, plus il a soif. Le *Gashadokuro*, dont le nom signifie « squelette affamé », est le revenant en corps d'un homme mort de faim. Il apparaît sous la forme d'un squelette quinze fois plus grand que son corps initial. Terrible prédateur, il arrache sa victime du sol et la décapite, prenant plaisir à boire le sang qui jaillit de son cou.

Dans les nombreuses tribus du continent africain circulent toutes sortes de croyances et de légendes où le sang a une importance capitale. Le *Baka* du Bénin est l'esprit d'un sorcier ou d'une personne qui a, de son vivant, fait le mal autour d'elle. Il s'incarne en toutes sortes d'animaux et il s'attaque aux humains pour leur sucer le sang. En Guinée, on craint particulièrement l'*Owenga* qui est l'esprit d'un sorcier mort ou d'un ancêtre animé par un désir de vengeance. Il prend une forme physique pour se repaître de sang. Pour l'apaiser, les habitants d'un village recueillent le sang d'animaux dans des jattes en bois qu'ils disposent devant les portes du village. Chez les Ashanti du Ghana, l'*Asasabonsam* ou *Asanbosam* est un prédateur aux jambes en forme de crochets qui se cache dans les buissons pour attraper les humains qui passent à proximité. Il utilise ses dents de fer pour égorger sa victime, lui ouvrir la poitrine et boire le sang qui s'écoule des plaies. Il imite la voix des enfants ou des adultes et pousse des cris plaintifs pour attirer sa proie. La morsure d'un *Asasabonsam* est mortelle. L'une des créatures vampires d'Afrique les plus étranges est l'*Ilimu* du Kenya, esprit mauvais qui possède d'abord les animaux avant de prendre l'apparence d'un homme. Quand il jette son dévolu sur un être humain, il s'arrange pour obtenir des cheveux, des rognures d'ongles ou du sang de cette personne afin de pouvoir en reconstituer un double parfait. Il peut alors la tuer et se faire passer pour elle. Sous cet aspect, il s'introduit au sein de la population d'un village et, comme c'est un féroce prédateur, il peut commettre ses meurtres en toute impunité. Le *Bouda* du Maroc que l'on trouve aussi en Tanzanie et en Éthiopie n'est pas un mort-vivant mais un sorcier qui, sous la forme d'une hyène, attaque les humains pour leur sucer le sang.

L'Amérique est, elle aussi, une terre de vampires. Les Indiens d'Amérique du Sud et du Nord ainsi que les Inuits ont leurs propres croyances en toutes sortes d'êtres surnaturels qui sucent le sang ou qui aspirent la vie de leurs victimes. Au Brésil, on trouve deux sortes de vampires, le *Jaracaca* et le *Lobishomen*. Le *Jaracaca,* qui a la forme d'un serpent, se nourrit à la fois de lait et de sang. Il s'attaque donc aux mères qui allaitent leur enfant. Après les avoir mordues au sein, il leur suce le lait puis le sang. Le *Lobishomen* est une horrible créature bossue aux dents noires et au corps velu qui suce le sang des femmes sans toutefois causer leur mort, mais sa morsure contamine ses victimes. Elles deviennent dans un premier temps nymphomanes, puis elles s'attaquent aux enfants pour leur sucer le sang. L'aconit est le seul moyen de les mettre en fuite. En Argentine, le *Lobizón* ou *Lobisón,* est un vampire qui a un comportement similaire au *Lobishomen* mais qui prend l'aspect d'un renard. Au Mexique et à Porto Rico, le *Chupacabras*, dont le nom signifie « suceur de chèvres », est un monstre velu aux yeux rouges et pourvu d'ailes de chauves-souris, qui s'attaque de préférence aux animaux domestiques et plus rarement aux hommes pour leur sucer le sang. Comme pour le vampire d'Europe, la vue d'un crucifix le met en fuite.

En Amérique du Nord, les Indiens choctaw craignent le *Shampe*, sorte de vampire indestructible qui, comme son cousin européen, craint la lumière du soleil et jouit pratiquement d'une totale invulnérabilité. Chez les Hopi, le *Shita* s'attaque de préférence aux enfants et on ne peut l'éliminer qu'en lui transperçant le cœur avec un pieu. Dans le nord-ouest des États-Unis, les Indiens alsea craignent l'*Alsin*, créature monstrueuse d'aspect féminin, dont le corps est couvert de poils et qui a des crocs pointus. Chez les Cajuns de Louisiane, le *Feu Follet* est le fantôme d'un homme qui a péché et qui est condamné à rester sur terre jusqu'à ce qu'il se repente. Il maintient son existence terrestre en se nourrissant de la vitalité des enfants et de l'énergie sexuelle des adultes. En Haïti, la *Loogaroo*, dont le nom est évidemment dérivé du français « loup-garou », n'a cependant rien à voir avec lui. C'est une sorcière qui a fait un pacte avec le diable et qui peut prendre la forme d'une boule de feu. Elle absorbe le sang de ses victimes et elle apporte leur chair au diable. Comme certains vampires d'Europe centrale, on peut s'en prémunir en répandant des graines devant sa maison ; elle doit les compter une à une avant le lever du soleil. Les Inuits du Canada et de l'Alaska ont eux aussi leurs vampires. L'*Angiak*, qui sévit en Alaska, est l'esprit d'un enfant mort, abandonné par ses parents, qui revient sucer le lait et le sang de sa mère pendant son sommeil. Quand il a acquis suffisamment de force, il prend différentes formes animales et s'attaque aux aînés de la tribu. Le *Kigatilik* est une sorte de vampire qui s'attaque de préférence aux prêtres et aux shamans.

Le continent australien n'est pas non plus épargné. Les Aborigènes redoutent particulièrement le *Yara-Ma-Yha-Who*, créature de courte taille, à la peau rouge, et munie d'une énorme tête qui se suspend aux branches des arbres et se précipite sur les humains pour leur sucer le sang au moyen de sortes de ventouses situées au bout de ses doigts et de ses orteils. Dans le nord de l'Australie, le *Garkain* a le corps d'un homme mais la tête et les ailes d'une chauve-souris. Son odeur pestilentielle rend ses proies totalement vulnérables. Il s'attaque aux humains pour boire leur sang puis les dévorer.

Les créatures vampires, divinités, mauvais génies, âmes en peine ou sorciers, existent donc dans l'imaginaire collectif du monde entier. Se nourrissant de sang ou d'énergie vitale, ces créatures qui appartiennent à des cultures très éloignées de la nôtre, présentent souvent entre elles d'étranges ressemblances quel qu'en soit le pays d'origine.

13 *Croit-on encore aux vampires aujourd'hui ?*

Dans la société rationaliste et matérialiste qui est la nôtre, on pourrait penser *a priori* qu'il n'y a aucune place pour le vampire, objet de croyances d'un autre âge. Le Siècle des lumières les a révélées au monde moderne pour mieux les condamner au nom de la toute puissante raison et, dans la grande majorité des sociétés de notre époque, le folklore du vampire fait plutôt sourire que trembler. Pourtant, ces croyances, si absurdes et si désuètes qu'elles puissent paraître, ont perduré et aujourd'hui encore, alors que nous avons quitté le XXe siècle, il n'est pas sûr qu'elles aient totalement disparu. Il semblerait même que la littérature d'imagination et le cinéma leur aient donné une nouvelle légitimité.

Après la condamnation au XVIIIe siècle, des encyclopédistes et de l'Église réfutant, au nom du progrès, la croyance aux vampires, on a continué à rapporter des anecdotes concernant leur apparition dans les pays de l'est de l'Europe, ce qui n'est autre que le prolongement des croyances du passé, puis dans les pays occidentaux, sous l'influence probable de la littérature d'imagination et du cinéma. Dans les Balkans, en Roumanie et dans les pays d'Europe orientale, des cas de vampirisme ont été signalés, certes de façon sporadique, dans les journaux ou dans des récits de voyage bien après le XVIIIe siècle. Déjà Mérimée, dans *La Guzla* (1827), affirmait avoir lui-même été le témoin d'un fait de ce genre. Lors d'un voyage à pied dans le Vorgoraz en 1816, il avait passé quelques jours chez un riche Morlaque, Vuck Plogonovich, dans le village de Varboska. Un soir, Khava, la fille de son hôte affirma avoir été attaquée dans sa chambre par un homme du pays pourtant mort et enterré quinze jours plus tôt. Comme elle avait sur le cou une petite marque rouge, il était évident pour la famille Plogonovich que l'agresseur de la jeune fille était un vampire. Le lendemain, on exhuma le coupable dont le corps fut retrouvé intact. Les habitants du village tirèrent des coups de fusil sur le cadavre, puis le mirent en pièces et le brûlèrent dans un verger à proximité du village. La jeune Khava mourut onze jours plus tard. Selon Mérimée, avant d'expirer, elle demanda à son père de lui couper lui-même la gorge et les jarrets afin qu'elle ne devînt pas vampire à son tour. Cette histoire paraît trop belle pour que l'on puisse y croire et, comme les ballades illyriennes qui l'accompagnent se sont révélé une supercherie littéraire, le témoignage de Mérimée reste suspect. Pourtant des dizaines d'anecdotes de ce genre ont circulé pendant tout le XIXe siècle et même au XXe siècle. L'un des cas les plus curieux a été rapporté dans un article du très sérieux *Times* du 10 janvier 1973. Dans la ville industrielle de Stoke-on-Trent, un immigré polonais de soixante-huit ans, Demitrious Myiciura, n'étant pas sorti de chez lui depuis plusieurs jours, la police enfonça la porte de son appartement. On y trouva son cadavre et l'autopsie révéla qu'il avait été étouffé par une gousse d'ail qu'il avait mis dans sa bouche avant de se coucher. Du sel avait été parsemé sur la couverture de son lit et, devant la fenêtre, il y avait une cuvette pleine de gousses d'ail. Ce fait divers et d'autres du même genre montrent que chez des personnes d'un certain âge habitant ou ayant habité dans des pays d'Europe centrale, la croyance aux vampires n'a pas totalement disparu. Pourtant, dans ces pays, les régimes communistes autoritaires mis en place après la seconde guerre mondiale ont livré une lutte sans merci aux superstitions de toutes sortes. Dans *Mythologie du vampire en Roumanie*, Adrien Cremene indique qu'à l'époque de Ceauşescu il était formellement interdit en Roumanie, sous peine de prison, de pratiquer la magie ou d'inciter « le peuple à la superstition ». Les bibliothèques publiques renfermant des ouvrages sur les vampires n'étaient accessibles qu'à des chercheurs dûment patentés. Dans un livre passionnant, *Où sont passés les vampires ?* (1997), Ioanna Andreesco, anthropologue d'origine roumaine a apporté un témoignage capital sur la survivance de croyances et de pratiques relatives aux *moroï* dans les campagnes roumaines. Ayant obtenu un visa pour se rendre en Roumanie, elle a interrogé des villageois en Olténie et elle a enregistré ses conversations sur des magnétophones de poche au risque d'être arrêtée par la Securitate. Les propos qu'elle a recueillis sont édifiants et montrent que, dans cette région pauvre et isolée, il y avait encore des personnes pour croire aux vampires et pour pratiquer des rites funéraires appropriés afin de s'en prémunir. Les interdits du régime n'ont donc pas suffi à éradiquer complètement ces croyances. Il est frappant aussi de constater que lorsque l'on a enterré le Conducator dans un cimetière de Bucarest, un soldat qui assistait à la scène s'est exclamé : « Il reviendra de toute façon car il est né coiffé », ce qui montre que de telles croyances font partie intégrante de la culture populaire.

Les manifestations de vampirisme dans le monde contemporain ne se limitent pas à l'Europe centrale et orientale. De nombreux faits divers relatifs à de prétendus vampires font la joie des journaux à sensation. En France, où il n'y a jamais eu de véritable tradition du vampire, ce phénomène est plutôt rare et les articles en question sont généralement accueillis avec le plus grand scepticisme. En Grande-Bretagne, en revanche, où les fantômes sont une tradition nationale et où il existe des sociétés, comme la British Occult Society, qui enquêtent très sérieusement sur les phénomènes paranormaux, le public est plus réceptif et la presse populaire rapporte fréquemment des histoires de « vrais vampires ». L'un des faits divers les plus étranges est l'affaire dite du « vampire de Croglin Grange » racontée dans *Story of My Life* (1896-1901) par un certain Augustus Hare. La famille Fisher qui possédait une maison du nom de Croglin Grange l'avait louée à trois jeunes gens, deux frères et leur sœur. La jeune fille prétendit avoir été attaquée dans sa chambre par un individu au visage hideux et brunâtre qui l'avait mordue sauvagement à la gorge. Lors d'une seconde visite du monstre, les deux frères le mirent en fuite et le poursuivirent jusqu'au cimetière. En ouvrant le seul cercueil qui était intact, ils trouvèrent un cadavre momifié que la jeune fille identifia comme étant son agresseur. Aujourd'hui encore, on trouve encore des faits similaires dans la presse populaire britannique. Les manifestations vampiriques ont parfois lieu dans des demeures hantées, ce qui aux yeux des Britanniques leur donne un incontestable parfum d'authenticité. En 1974, dans la revue régionale *This Essex*, on peut lire qu'une jeune femme, Christina Foyle, après avoir passé une nuit très agitée dans une abbaye du XIIe siècle, constata qu'elle avait des traces de morsures au doigt et à l'épaule. Or la chambre où elle se trouvait passait pour être hantée par le fantôme de Sir John Gate, amant de Jane Grey, décapité à la Tour de Londres.

L'affaire la plus spectaculaire qui se soit déroulée en Grande-Bretagne au XXe siècle reste néanmoins celle du « vampire de Highgate » (1970-1974) qui montre que les Londoniens d'aujourd'hui ne sont pas moins crédules que les paysans moldaves du XVIIIe siècle. En 1970, un certain David Farrant annonça à la télévision qu'il partait à la poursuite d'un vampire dans le cimetière de Highgate. Arrêté six mois plus tard par la police car il avait escaladé le mur du cimetière et qu'il portait sur lui tout un arsenal, composé de pieux aiguisés, Farrant fut relâché. En 1974, il fut de nouveau arrêté mais, cette fois, il était accusé d'avoir profané une tombe et d'avoir enlevé le corps qui s'y trouvait, ce qui lui valut une peine de quatre ans et huit mois d'emprisonnement. Un autre chasseur de vampires, le révérend Sean Manchester, fondateur et évêque de l'Église du Saint-Graal, entreprit lui aussi de rechercher le vampire de Highgate. Dans *The Highgate Vampire* (1991), Manchester invoque le témoignage de deux « victimes », Elizabeth Wojdyla et une certaine Lusia, qui prétendaient avoir vu des morts sortir de leur tombe près de l'entrée nord du cimetière. Toutes deux se plaignaient d'avoir des cauchemars, de souffrir de morsures diverses sur le corps et elles étaient très anémiées. Ayant repéré le caveau où gisait le vampire, le révérend annonça à la presse et à la télévision qu'il allait enfin traquer le monstre dans la nuit du 13 au 14 mars 1970. Devant une foule considérable, en présence de caméras de télévision et de policiers, une centaine de personnes menées par Manchester furent autorisées à pénétrer dans l'enceinte du cimetière. Les cercueils du caveau étaient vides et le vampire ne daigna pas se montrer. Revenu de jour au même endroit avec quelques amis, Manchester y trouva un cadavre intact. Il se contenta alors de placer un crucifix ainsi que du sel et des gousses d'ail dans le caveau. Plus tard, il retourna sur place et constata que le « vampire » n'y était plus. Il finit par retrouver le mort-vivant dans une maison abandonnée et, cette fois, n'hésita plus à l'éliminer. Manchester prétend avoir photographié le corps alors qu'il se désintégrait. Cette histoire, qui n'est peut-être d'un bout à l'autre qu'une énorme mystification, ne s'est pas déroulée dans un lointain village des Carpates à l'époque de Dom Calmet, mais en plein XXe siècle, dans la capitale d'un grand pays industrialisé, avec l'approbation des pouvoirs publics et le soutien des moyens modernes de communication. Les États-Unis ont connu ce genre de phénomène dès le XIXe siècle. Plusieurs défunts soupçonnés de vampirisme furent exhumés et brûlés en 1854 à Griswold près de Norwich, en 1874 à Placedale (Rhode Island) et en 1876, à Chicago. Aujourd'hui, il existe, dans le monde entier, des témoignages de personnes affirmant avoir été victimes de vampires ou être elles-mêmes des vampires. Il faut y voir l'influence, non pas des légendes du passé, mais de la littérature, du cinéma et la télévision. Antoine Faivre dans *Les Vampires* évoque le cas d'un jeune Portoricain, arrêté à New York en 1959 pour avoir commis plusieurs crimes, revêtu d'une longue cape noire. Il déclara tranquillement aux policiers qu'il était le comte Dracula et qu'il se souciait peu de la chaise électrique puisqu'il était immortel.

14 *Pourquoi le vampire fascine-t-il toujours dans un monde devenu rationaliste ?*

Les exemples de manifestations spectaculaires de vampires que nous avons cités montrent qu'à défaut d'y croire encore vraiment, nos contemporains éprouvent toujours de la fascination pour ces êtres mythiques présents dans l'imaginaire collectif. Cela peut surprendre dans un monde profondément matérialiste qui se prétend de surcroît rationaliste. Le Siècle des lumières constitue un tournant dans l'Histoire de l'humanité, dans la mesure où il a fait table rase des croyances du passé, dénonçant les superstitions et remettant même en cause certains dogmes fondamentaux des Églises établies. Après avoir condamné les thèses évolutionnistes de Darwin qui réfutaient le créationnisme, l'Église catholique elle-même s'est résignée à en reconnaître le bien-fondé. Aujourd'hui les miracles à Lourdes sont accueillis avec scepticisme par l'Église et ce n'est qu'après de longues enquêtes qu'une infime minorité d'entre eux est authentifiée. En dépit des affirmations de Jean-Paul II qui voulait réaffirmer son existence, le diable est perçu par nos contemporains plus comme un symbole que comme une entité maléfique. Par ailleurs, en ce XXIe siècle, si dans les pays industrialisés les gens s'affirment en majorité croyants, la pratique religieuse a beaucoup baissé, la crise des vocations chez les hommes d'Église est de plus en plus accentuée et certains sacrements comme le baptême, la communion et le mariage sont devenus des rites sociaux où la religion est souvent un prétexte. L'école obligatoire pour tous a fait reculer sinon disparaître l'analphabétisme et les moyens d'information sont de plus en plus élaborés, de plus en plus complexes et diversifiés, ce qui fait que l'on peut à tout moment savoir ce qui se passe dans le monde. Dans un tel contexte, il n'y a *a priori* plus de place pour les croyances de jadis.

À y regarder de plus près, cependant, le monde dans lequel nous vivons n'est pas aussi rationaliste qu'on veut bien le dire. À notre époque, on consulte volontiers des voyantes et des marabouts pour connaître l'avenir, guérir des maux que la médecine officielle n'a pu résoudre, retrouver un amour perdu, voire pratiquer des désenvoûtements. Nombreux sont les témoignages de personnes ayant affirmé avoir vu des phénomènes inexplicables. Ce retour de l'irrationnel, de la magie et du mysticisme constitue peut-être une sorte de soupape de sécurité dans des sociétés où les individus sont confrontés quotidiennement à la violence ordinaire de la vie moderne.

Dans une telle conjoncture, il n'est pas étonnant que les vampires jouent un rôle privilégié. Même si l'on n'y croit plus, ils continuent de nous fasciner car ils représentent symboliquement ce qui nous touche le plus intimement. Le sang, la vie et la mort sont en effet des thèmes situés au cœur même de nos préoccupations et soulèvent les questions fondamentales de notre existence. Par ailleurs la littérature d'imagination et le cinéma ont donné aux vampires une nouvelle légitimité et de nouvelles significations.

15 *Existe-t-il aujourd'hui un ésotérisme lié au vampirisme ?*

En 1978, Jean-Paul Bourre, spécialiste connu de démonologie et d'occultisme, publiait un ouvrage intitulé *Le Culte du vampire aujourd'hui*, dans lequel il rendait compte d'une enquête effectuée auprès de diverses sectes qui vouaient, selon lui, un culte à Vlad Ţepeş, le Dracula historique. Selon l'auteur, Abramelin le Mage, membre de l'Ordre du Dragon rouge renversé auquel appartenait le père de Vlad Ţepeş, Vlad Dracul, aurait révélé à ce dernier le secret de la résurrection et de l'immortalité remontant à l'Égypte antique. Son fils, Vlad Dracula, initié à son tour, fondateur et grand prêtre d'un culte du sang, serait ainsi devenu immortel et le roman de Stoker faisant de lui un vampire n'aurait été qu'une sorte de message destiné aux initiés. Selon Bourre, le culte fondé par Vlad Dracula s'est perpétué jusqu'à nos jours et ceux qui le pratiquent attendent le retour de Dracula considéré comme l'Antéchrist. Quoi que l'on puisse en penser, il est indéniable qu'à notre époque, il existe des sectes très fermées qui entretiennent ces croyances et dont les membres, au cours de cérémonies initiatiques, boivent le sang d'animaux. Ce phénomène, en tout cas, ne concerne qu'un très petit nombre de personnes et il reste enveloppé de mystère.

Récemment, en revanche, se sont développés un peu partout dans le monde mais surtout aux États-Unis, des confréries et des clans, distincts des sectes satanistes très nombreuses outre-Atlantique, qui pratiquent certaines formes de vampirisme. La littérature, le cinéma, la télévision, les jeux de rôle et la musique techno ont très certainement contribué au développement de cet ésotérisme d'un nouveau genre qui concerne non plus quelques initiés mais des centaines de personnes. Dans un ouvrage récent, *Vampyres. Quand la réalité dépasse la fiction* (2006), Laurent Courau a consacré une étude à ces activités, au terme d'une enquête sur le terrain qu'il a menée aux États-Unis, en France et au Japon. L'auteur précise au début de l'ouvrage que l'orthographe « vampyre » est généralement utilisée par les adeptes eux-mêmes pour se distinguer des vampires de la littérature et du cinéma. Les communautés s'intéressant au vampirisme ont fait leur apparition aux États-Unis vers la fin des années 1980. Leurs adeptes étaient souvent d'anciens membres de l'Église de Satan d'Anton LaVey. Après un très grand succès dans les années 1960, le satanisme a connu une période de reflux en particulier après l'assassinat de Sharon Tate, l'épouse de Polanski, et de ses invités en août 1968 par Charles Manson et ses acolytes. Les puristes reprochaient par ailleurs à l'Église de Satan d'avoir un caractère commercial. C'est ainsi que quelques hauts dignitaires l'ont quittée pour fonder en 1975 le Temple de Set, lui-même subdivisé en ordres internes. L'un d'eux s'appelait l'Ordre du Vampyre. Ce n'est pourtant qu'en 1989 qu'a été fondé dans l'État de Washington la première société ésotérique entièrement consacrée au vampirisme, le Temple du Vampire, qui a des ramifications au Canada et en Europe. Le texte fondateur en est la *Bible des vampires* que l'on peut se procurer facilement, tant aux États-Unis qu'en Europe. Un autre ouvrage écrit par un dignitaire du temple, Michelle Belanger, le *Psychic Vampire Codex*, est devenu rapidement un *best-seller* aux États-Unis. Les adeptes du Temple ne sont pas nécessairement des buveurs de sang. Ils disent se nourrir de l'énergie psychique de l'humanité qu'ils considèrent comme un vulgaire cheptel. Pour éviter toute poursuite judiciaire, le Temple n'accepte en son sein que des personnes majeures et il interdit les crimes de sang sous peine d'excommunication.

À New York, il existe de nombreux clans d'adeptes du vampirisme. Ce sont des sociétés très fermées, très hiérarchisées où l'on ne devient membre à part entière qu'après une longue initiation. Les adeptes sont obligatoirement des adultes consentants qui procèdent entre eux à des échanges de sang, ce qui, selon eux, leur permet une parfaite communion spirituelle. Les dignitaires de ces clans affectionnent le titre de Lord et de Lady et les adeptes les plus âgés se font appeler « Father » ou « Mother ». Laurent Courau a rencontré quelques-uns d'entre eux comme Lord Zillah, Lord Xanatos et Lady Tenisha. Les adeptes, généralement vêtus de noir, affectionnent le piercing, les tatouages et certains se font limer les dents ou portent des prothèses. Pourtant, selon Laurent Courau, ces attributs ne jouent qu'un rôle « esthétique » (2006 : 69) car les initiés préfèrent se servir de seringues hypodermiques lorsqu'ils ont besoin de prélever du sang. Le fondateur de l'un des premiers cercles de « vampyres », l'Ordo Strigoi Vii, un certain Father Sebastiaan, que Laurent Courau a rencontré à Amsterdam où il vit actuellement, a trouvé sa vocation en participant, en 1992, au jeu de rôle *Vampire : La Mascarade* (voir question 49). Le signe distinctif qui permet aux adeptes de se reconnaître entre eux est l'ankh que portait à son cou Catherine Deneuve dans le film *Les Prédateurs*. Certains des adeptes rencontrés par Laurent Courau à New York connaissent les grands noms du satanisme comme celui d'Aleister Crowley, mais ils sont surtout, semble-t-il, attirés par la littérature vampiresque et les romans d'Anne Rice. Cette mouvance est donc sensiblement différente de celle que décrivait Jean-Paul Bourre dans *Le Culte du vampire aujourd'hui*. Le mouvement ésotérique décrit par Laurent Courau est surtout implanté aux États-Unis, au Canada et à un moindre degré au Japon. Il existe, bien sûr, des sociétés de ce genre dans les grandes villes européennes mais elles ne réunissent que quelques poignées d'adeptes. En dehors des Pays-Bas et du Royaume-Uni, cet ésotérisme n'a pas fait une réelle percée dans les autres pays d'Europe et encore moins en France.

II
LES VAMPIRES DANS LA LITTÉRATURE

16 *Quand les vampires ont-ils fait leur apparition dans la littérature narrative?*

Si le thème du vampire a fait sa toute première apparition dans la littérature d'imagination en 1746, dans le poème de l'Allemand Heinrich August Ossenfelder, *Der Vampir*, ce n'est que beaucoup plus tard qu'il a fait enfin son entrée dans la littérature en prose. Le premier texte narratif où l'on rencontre ce personnage, en effet, est un court roman anglais, *The Vampyre* (1819) d'un auteur peu connu, John William Polidori (1795-1821), qui fut un temps le secrétaire, le médecin particulier et le compagnon de voyage de Byron.

Début 1816, Byron avait besoin de se faire oublier. Les scandales de sa vie privée et sa rupture avec sa femme l'avaient contraint à quitter l'Angleterre pendant quelques mois. Il décida donc de parcourir l'Europe et il fit construire dans ce but une voiture qui était l'ancêtre des caravanes modernes. Ayant besoin d'un compagnon de route, il engagea comme secrétaire un jeune médecin, Polidori, qui appartenait à une famille d'émigrés italiens vivant à Londres. Son père, Gaetano Polidori, oncle du poète Dante Gabriel Rossetti, était lui-même un poète et un érudit qui avait traduit en italien les œuvres complètes de Milton et *Le Château d'Otrante* de Walpole. John William fit des études de médecine à l'université d'Édimbourg où il obtint son doctorat à l'âge de dix-neuf ans. Avant de prendre la route en compagnie de Byron, il avait obtenu de l'éditeur du poète, John Murray, la promesse d'une récompense de cinq cents livres s'il lui remettait un compte rendu détaillé du voyage.

Byron et son secrétaire firent étape à Genève où le poète décida de louer la villa Diodati au bord du lac Léman. Ils retrouvèrent Shelley et sa femme Mary, ainsi que Claire Clairmont, la demi-sœur de Shelley. Par un après-midi pluvieux de juillet 1816, Byron proposa à ses amis d'écrire chacun un récit terrifiant en un temps record. Seule Mary Shelley put terminer ce qu'elle était en train d'écrire, un roman qui allait devenir un classique de la littérature fantastique, *Frankenstein ou le Prométhée moderne*, publié à Londres deux ans plus tard. Shelley, qui avait pourtant écrit des romans gothiques, fut incapable d'écrire la moindre ligne. Polidori ne put achever le roman qu'il comptait écrire. Ce n'est qu'à son retour en Angleterre qu'il le termina et le publia sous le titre d'*Ernestus Berchtold*. Byron, quant à lui, envisageait d'écrire une histoire de vampire. C'est un thème qui l'intéressait beaucoup et auquel il avait fait quelques allusions dans son poème *Le Giaour* (1813). Ses voyages en Grèce lui avaient permis de se documenter sur les croyances et les légendes à propos des morts-vivants. Comme ses compagnons, Byron ne put terminer son roman et il n'en rédigea que quelques pages qu'il fit publier trois ans plus tard avec son poème *Mazeppa*.

Dans le texte de Byron, le narrateur nous apprend qu'il a entrepris un voyage en Orient avec son ami Augustus Darvell qui souffre d'un mal implacable. Arrivés à Smyrne, les deux hommes doivent faire halte car la santé de Darvell s'est brusquement détériorée. Celui-ci révèle au narrateur qu'il va bientôt mourir et lui fait jurer de ne parler à personne de sa mort. Le fragment s'arrête là, mais Byron ayant confié à Polidori la trame de son futur roman, on sait qu'après la mort de Darvell, le narrateur devait le retrouver en Angleterre devenu vampire et que, lié par son serment, il allait être le complice involontaire de ses crimes.

Polidori, de retour en Angleterre au printemps 1817 et installé à Norwich, termina à sa façon le roman inachevé de Byron et il publia donc son propre récit, dans le numéro d'avril 1819 du *New Monthly Magazine*. *The Vampyre* de Polidori reprend la trame du texte de Byron même si les noms des personnages ont été modifiés. Dans ce récit, un jeune Anglais nommé Aubrey fait la connaissance d'un certain Lord Ruthven, personnage en vue de la société londonienne, qui lui propose de l'accompagner dans un voyage en Grèce. Aubrey ne tarde pas à découvrir que son mystérieux compagnon est un débauché qui aime séduire d'innocentes jeunes filles pour mieux les abandonner ensuite et qui fréquente des individus douteux. Arrivé à Athènes, Aubrey s'éprend d'une jeune Grecque nommée Ianthe, qui meurt quelques jours plus tard, apparemment victime d'un vampire. Dans une région montagneuse de la Grèce, Lord Ruthven, blessé par des bandits, fait jurer à son ami de ne révéler à personne la nouvelle de sa mort, puis il lui demande d'exposer son corps aux rayons de la lune au sommet d'une montagne. Aubrey exécute les dernières volontés du mort, mais il constate le lendemain que le corps a disparu. De retour à Londres, Aubrey retrouve Lord Ruthven en parfaite santé. Il comprend alors que son ami n'est autre que le vampire responsable de la mort d'Ianthe, mais, lié par son serment, il ne pourra empêcher Lord Ruthven d'épouser sa propre sœur. À la fin de l'histoire, la sœur d'Aubrey meurt et le vampire disparaît. Cette histoire quelque peu mélodramatique a beaucoup vieilli. Aujourd'hui, on lit *The Vampyre* de Polidori beaucoup plus pour ce qu'il représente sur le plan historique que pour ses qualités littéraires.

À l'époque où il a été publié pour la première fois, *The Vampyre* de Polidori a connu un succès immédiat partiellement dû au fait que Colburn, le propriétaire du *New Monthly Magazine* l'avait publié sous la signature de Byron. Très mécontent de cette confusion, Polidori fit publier un rectificatif dans le numéro suivant du magazine, mais c'était peine perdue car, pendant des années, on devait attribuer la paternité de ce texte à Byron, ce qui, soyons juste, n'était pas tout à fait anormal. Très irrité, en tout cas, par ce qu'il considérait comme une utilisation abusive de son nom, Byron lui-même écrivit une lettre de démenti au rédacteur en chef du *Galignani's Messenger*, journal anglais publié à Paris. Cela n'empêcha pas que la traduction française du *Vampyre* par Henri Faber fut publiée dès 1819, toujours sous la signature de Byron, à Paris.

Le court roman de Polidori a eu un succès plus grand encore en France qu'en Angleterre. C'est d'autant plus injuste que son auteur, qui n'avait pas touché le moindre centime de droits d'auteur, devait se suicider dans l'anonymat le plus complet en 1821, à l'âge de vingt-cinq ans, criblé de dettes et souffrant d'un état de dépression consécutif à un traumatisme crânien. Charles Nodier, qui avait été séduit d'emblée par l'histoire de Lord Ruthven, se mit immédiatement à en écrire une suite, *Lord Ruthwen* [*sic*] *ou les vampires*, roman qu'il publia dès 1820. Il écrivit également une pièce de théâtre qui était une adaptation du texte de Polidori et qui fut jouée à guichets fermés au théâtre de la Porte Saint-Martin. Cette pièce, aujourd'hui oubliée, allait être imitée dans toute l'Europe, inspirant aussi bien des mélodrames que des vaudevilles, sans oublier un opéra (voir question 19).

Le vampire de Polidori n'est pas un chef-d'œuvre mais il a créé une convention littéraire qui s'est perpétuée jusqu'à nos jours. Lord Ruthven est le premier vampire aristocrate de l'histoire littéraire et il allait bientôt faire des émules.

17 *Comment le vampire est-il représenté dans la littérature ?*

En créant le personnage de Lord Ruthven, Polidori en a fait un modèle sinon le prototype de tous les vampires à venir. Il a certes pris quelques libertés avec la tradition légendaire : son vampire ne craint pas la lumière du soleil, il est mortel mais peut ressusciter grâce aux rayons de la lune. Dans le roman-fleuve intitulé *Varney the Vampyre, or the Feast of Blood*, publié anonymement en 1847 et attribué à Thomas Preskett Prest ou à James Malcom Rymer, le héros éponyme meurt et ressuscite à plusieurs reprises, jusqu'à ce que, las de sa trop longue existence, il finisse par se suicider en se jetant dans le cratère du Vésuve. Dans *Carmilla* (1872), de l'écrivain irlandais Joseph Sheridan Le Fanu, l'héroïne vampire ne supporte pas d'entendre des chants religieux et elle est finalement exécutée selon les rites traditionnels (supplice du pieu suivi de la décapitation, puis de l'incinération du corps). En revanche, elle ne craint pas la lumière du jour et elle prend des repas solides comme n'importe quel mortel. Dans les récits du XIXe siècle antérieurs à *Dracula*, la fidélité à l'orthodoxie légendaire n'est pas vraiment la principale préoccupation des auteurs.

Il a fallu attendre 1897, année de publication de *Dracula*, pour que l'on trouve des vampires tout à fait conformes à la tradition légendaire. Bram Stoker a eu un souci très net d'authenticité. Il a passé des heures à la British Library à se documenter sur les croyances et traditions d'Europe centrale, lisant notamment *The*

Land Beyond the Forest d'Emily Gerard sur la Transylvanie. Le résultat est tout à fait convaincant : ses vampires (Dracula et Lucy Westenra) craignent l'ail, l'eau bénite, le crucifix et les hosties consacrées. Ce sont les caractéristiques que l'on trouve encore dans un grand nombre de romans et de nouvelles qui paraissent aujourd'hui. En revanche, depuis quelques décennies, il y a manifestement une volonté de la part des auteurs d'humaniser le vampire et donc de minimiser ce qui est chez lui extraordinaire. Dans *Entretien avec un vampire* (*Interview with the Vampire*, 1976) d'Anne Rice, Louis, le héros vampire du roman, explique au journaliste qui l'interroge qu'il ne craint ni l'ail ni les symboles du christianisme, qu'il se reflète dans les miroirs comme tout être normal et qu'il n'a pas la faculté de se métamorphoser en chauve-souris ou en tout autre animal. Il est, bien sûr, condamné à boire du sang pour survivre mais il n'est nullement astreint à boire du sang humain. Stephenie Meyer a retenu cette idée et son jeune héros vampire ne boit jamais de sang humain. Les écrivains modernes tendent à réhabiliter les vampires qui ne sont plus montrés comme d'odieux criminels. Ils ont toujours besoin de sang mais ils n'ont plus besoin de tuer. Certains peuvent se contenter de faire des « prises » infimes qui ne mettent pas en danger la vie du « donneur », et celui-ci ne s'en rend même pas compte car le vampire le plonge au préalable sous hypnose. La victime, au réveil, ne se souvient de rien et elle n'a même pas de trace de morsure car la blessure se cicatrise instantanément. Cette vision aseptisée permet aux vampires de devenir des héros à part entière que l'on peut même envier et admirer : ils ne sont pas nuisibles, ils sont pratiquement invulnérables et la vieillesse et la maladie n'ont aucune prise sur eux. Dans *Lestat, le vampire* (*The Vampire Lestat*, 1985), qui fait suite à *Entretien avec un vampire*, le protagoniste décide de « transformer » sa mère, Gabrielle, qui a un cancer en phase terminale, car c'est le seul moyen de la sauver. Dès que cette pauvre femme, qui n'est plus que l'ombre d'elle-même, devient vampire, elle retrouve sa jeunesse et sa beauté et son propre fils en tombe amoureux. Le comte de Saint-Germain, célèbre immortel, devenu vampire dans la série de romans de l'Américaine Chelsea Quinn Yarbro, est un homme charmant qui traverse les siècles sans prendre une ride et qui séduit toutes les femmes qu'il rencontre. Éternel défenseur de la veuve et de l'orphelin, il est un héros au cœur pur et l'on finit par oublier qu'il est un mort-vivant. Un tel personnage se situe donc aux antipodes de Lord Ruthven.

En imaginant son personnage de vampire aristocrate, Polidori a créé, sans le savoir, une convention littéraire qui s'est perpétuée jusqu'à nos jours. Les ressemblances évidentes entre Lord Ruthven et Lord Byron, contraints l'un et l'autre de quitter l'Angleterre, montrent que Polidori avait trouvé un moyen de se venger de cet employeur tyrannique dont il avait été le souffre-douleur. Les écrivains qui lui ont succédé ont compris le parti qu'il y avait à mettre en jeu un vampire de sang noble. Un tel statut social contribue d'emblée à en faire un être d'exception. Lorsqu'Aubrey fait la connaissance de Lord Ruthven, il est immédiatement séduit par l'aisance et la distinction naturelle de ce personnage, tout comme Jonathan Harker, dans *Dracula*, éprouvera une sorte de crainte mêlée d'admiration devant son hôte, homme fier et impérieux mais d'une exquise politesse et d'une très grande culture. Les auteurs du XIXe siècle renouent par ailleurs avec la grande tradition du roman gothique anglais où le rôle du méchant était invariablement joué par un châtelain, comte ou baron, vivant en solitaire, loin de la société.

Parallèlement à cette tradition toujours vivante des vampires aristocrates, on assiste, depuis le début du XXe siècle, à une véritable démocratisation du vampirisme et cela surtout sous l'influence des magazines américains de l'entre-deux-guerres. Les protagonistes de *Nellie Foster* (1933) et de *Tourbillons de neige* (*The Drifting Snow*, 1939) d'August Derleth, par exemple, sont de simples servantes de ferme. Joe Labathie, le vampire de *Au-dessus de la rivière* (*Over the River*, 1941) de P. Schuyler Miller, est un bûcheron. Aux aristocrates riches et oisifs, portant de préférence des noms d'origine slave et habitant des châteaux isolés, succèdent des roturiers d'humble extraction qui ont des noms bien américains et que rien ne distingue apparemment de leurs compatriotes. Ainsi se développe l'idée selon laquelle les vampires sont parmi nous et que rien ne permet de déceler leur présence. Dans la littérature contemporaine, les vampires habitent au cœur des grandes villes modernes. Pour donner le change et se fondre dans la population, ils vont même jusqu'à exercer un métier. Toute la palette des professions est utilisée. Les vampires sont des acteurs de cinéma, des musiciens de jazz ou de rock, des verriers d'art, des professeurs d'université, des médecins ou des hommes d'affaires. Aux deux extrêmes de cette galerie de vampires, on trouve d'une part des prostituées comme dans *Pauvre Sonia* (1965) de Claude Seignolle ou des stripteaseuses comme dans *Extase sanglante* (1987) de Ray Garton, et d'autre part des hommes d'Église comme le père Palmeri dans *Minight Mass* (2004) de F. Paul Wilson. Dans cette nouvelle conception, les vampires ne sont plus des individus d'exception ; ils font au contraire partie intégrante de la communauté des hommes et c'est ce qui les rend à la fois plus proches de nous et plus redoutables.

L'âge, pour un vampire, est un concept dénué de sens dans la mesure où, étant pratiquement immortel, il peut survivre pendant des siècles tout en gardant l'apparence physique de la jeunesse. Dans les romans et nouvelles du XIXe siècle, les vampires ont en général l'aspect d'individus jeunes ou dans la force de l'âge. Dracula fait figure d'exception puisqu'il apparaît pour la première fois à son visiteur, Jonathan Harker, comme un vieillard aux cheveux blancs. En revanche, tout au long du roman, le comte, fortifié par le sang de Lucy, ne cessera de rajeunir. Les successeurs de Stoker n'hésiteront plus à utiliser toute la pyramide des âges dans leurs histoires. C'est ainsi que, dans la littérature des XXe et du XXIe siècles, on trouve des vampires extrêmement âgés ou au contraire de tout jeunes enfants. Déjà en 1896, un an avant la parution de *Dracula*, l'héroïne presque centenaire de *Good Lady Ducayne*, de Mary E. Braddon, parvient à prolonger sa vie en se faisant transfuser le sang de se jeunes domestiques. Au XXe siècle, les personnages âgés sont souvent des vampires psychiques qui, tel le roi David, ont la faculté de régénerer leur force au détriment d'individus en pleine jeunessse. Dans *La Maison des hommes vivants* (1911), par exemple, Claude Farrère imagine de sinistres vieillards qui prolongent indéfiniment leur vie en immolant des jeunes gens qu'ils tiennent en captivité. Les vampires psychiques sont souvent des vieilles femmes dont le principal souci est de sauvegarder ou de retrouver à tout prix leur jeunesse et leur beauté. Dans *Luella Miller* (1903) de Mary Wilkins Freeman, l'héroïne est infiniment plus âgée qu'elle ne le paraît, mais elle a la faculté d'absorber la force vitale des personnes de son entourage dont elle provoque la mort à petit feu, jusqu'au jour où, étant tombée malade à son tour, elle retrouve son aspect véritable, celui d'une très vieille femme. Dans *Miss Avenal* (1928) de W. F. Harvey, l'héroïne est une vieille femme malade qui retrouve vigueur et santé en vampirisant l'infirmière qui la soigne. Le cas le plus spectaculaire est celui que décrit Philip K. Dick dans *La Dame aux biscuits* (*The Cookie Lady*, 1953), où l'on voit une veille mégère vampiriser un jeune garçon qu'elle attire en lui donnant des biscuits. À la fin de l'histoire, elle redevient une très belle jeune fille tandis que sa victime n'est plus qu'une cosse vide que le vent emporte.

Tout à l'opposé, on trouve dans la littérature fantastique toutes sortes de bébés vampires attendrissants mais redoutables. Le tout premier de ces nourrissons fait son apparition dans la nouvelle de J. H. Rosny aîné, *La Jeune Vampire* (1935). C'est l'enfant d'Evelyn, l'héroïne de l'histoire, et l'on nous dit de lui qu'il est « inoffensif » car il soutire « le sang à travers les pores de la peau sans que celle-ci éprouve aucun dommage » (Rosny : 1935, 75). D'autres bébés vampires sont beaucoup plus inquiétants, surtout quand ils commencent leurs sinistres exploits dès la vie intra-utérine. Le bébé décrit dans *Twelfth Child* (1990) de Raymond Van Over a épuisé sa mère lors de la gestation. En naissant, il provoque sa mort en la vidant de son sang. Dans la nouvelle de Daniel Brèque *La Grosse Dame* (1992), la protagoniste pratique une césarienne sur elle-même pour donner naissance à un affreux bébé dont la bouche est ornée de crocs acérés. En dehors de ces cas extrêmes, la littérature nous offre toute une galerie d'enfants vampires dont l'âge se situe généralement entre quatre et douze ans. Dans sa nouvelle *Angel Baby* (1997), Michael Thomas Ford décrit un adorable bambin de quatre ans qui sort de sa chambre la nuit pour accomplir de véritables massacres. L'un des personnages les plus attachants de cette littérature est la petite Claudia, l'héroïne d'*Entretien avec un vampire*, devenue morte-vivante à l'âge de cinq ans et demi. Elle est à la fois une enfant d'une très grande beauté qui joue sagement à la poupée et un terrible prédateur qui attire les passants dans des ruelles obscures pour les égorger sauvagement. On retrouve ce type de vampire dans *La Solitude du buveur de sang* (*The Silver Kiss*, 1990) d'Annette Curtis Klause dont le héros est Christopher âgé de six ans. Les enfants vampires, malgré leur âge apparent figé pour l'éternité, peuvent être très vieux et avoir une mentalité d'adulte. C'est le cas de Timmy Valentine, le héros de *Vampire Junction* (1984) de S. P. Somtow, qui a l'apparence d'un garçon de onze ans mais qui est en réalité âgé de plus de dix siècles. Il faut citer enfin le cas de deux enfants vampires hors du commun, Miriam, la protagoniste de la nouvelle éponyme de Truman Capote (1945) et Eli, la petite vampire de *Let the Right One In* (*Låt den rätte komma in*, 2007) du Suédois John Ajvide Lindqvist. Miriam est une étrange fillette de dix ou onze ans aux cheveux blancs qui s'installe en parasite chez des personnes âgées et les persécute, allant jusqu'à provoquer leur mort. Eli, l'héroïne de Lindqvist, est un vampire plus traditionnel puisqu'elle suce vraiment le sang de ses victimes, mais elle reste enveloppée de mystère : on ne sait d'où elle vient ni qui elle est vraiment. Sous l'apparence d'une fillette de douze ans, elle laisse entendre qu'elle a plusieurs siècles d'existence. Elle porte un nom de garçon et quand le jeune Oscar, son voisin de palier, la voit nue pour la première fois, il constate qu'elle n'a pas de sexe. Comme Claudia, elle est à la fois naïve et rusée, tendre et cruelle, charmante et redoutable.

En écrivant *The Vampyre*, Polidori a inauguré par ailleurs une convention littéraire qui fait que les vampires préfèrent les victimes du sexe opposé. Lord Ruthven et Dracula s'en prennent surtout aux femmes, tandis que Clarimonde s'attache au jeune abbé Romuald et que les trois femmes vampires esclaves de Dracula contemplent Jonathan Harker avec concupiscence. Les deux exceptions notoires au XIXe siècle sont celles de Carmilla et du comte Vardalek, qui préfèrent des victimes de leur propre sexe et ont avec elles une relation amoureuse. On mesure l'audace de tels récits à l'époque victorienne où les relations homosexuelles même entre adultes consentants étaient passibles de poursuites judiciaires. La littérature du XIXe siècle a donné au vampirisme une dimension érotique totalement inexistante dans la tradition légendaire d'Europe centrale où le vampire s'attaquait indifféremment à toute personne, quels que soient son sexe et son âge. Ce caractère érotique s'est renforcé au siècle suivant où la censure a disparu en littérature. Les romans et nouvelles ainsi que les films qui paraissent aujourd'hui recèlent souvent des scènes particulièrement torrides.

Au XXe siècle, une minorité de récits s'inspire de mythologies distinctes de la tradition légendaire d'Europe centrale. Dans un certain nombre de nouvelles et de romans, ce sont des lamies de l'Antiquité gréco-latine qui jouent le rôle du vampire. L'un des premiers auteurs à avoir utilisé ce thème est l'Américain Clark Aston Smith, disciple et ami de Lovecraft, notamment dans *La fin de l'histoire* (*The End of the Story*, 1930). Parmi les romans qui mettent en scène des lamies, on peut citer *Lyrica* (1987) de Thomas Monteleone et *Le Poids de son regard* (*The Stress of Her Regard*, 1989) de Tim Powers. Dans *Les Prédateurs* (*The Hunger*, 1981) de Whitley Strieber, on apprend par ailleurs que Miriam, l'héroïne vampire, est la fille de Lamia. Toutes ces lamies séduisent leurs victimes pour absorber leur sang ou leur énergie vitale. Une autre grande séductrice est Shambleau, vampire extra-terrestre, imaginée par C.L. Moore en 1933, qui s'inspire de la Gorgone de l'Antiquité. L'héroïne de *Love Child* (1986) d'Andrew Neiderman, qui a le redoutable pouvoir de provoquer la mort de ses partenaires sexuels, est une descendante des Amazones de l'Antiquité. D'autres auteurs s'inspirent des mythologies asiatiques. Seabury Quinn utilise le vampire chinois *Ch'ing sih* (voir question 7) dans *Mortmain* (1940). C'est encore un vampire chinois, le *Cup hu girngsi*, qui apparaît dans le roman de Bentley Little, *The Summoning* (1993). L'horrible vampire malais appelé *Penanggalan* (voir question 12) est mis à contribution dans *The Scent of Vinegar* (1994) de Robert Bloch et dans *Shadows Bite* (2001) de Stephen Dedman.

Certains vampires psychiques, qui sont des hommes jeunes en pleine possession de leurs moyens, ont la faculté de s'emparer de la pensée créatrice des autres pour se l'approprier. L'un des premiers exemples en est celui de Reginald Clarke, le héros de *La Maison du vampire* (*The House of the Vampire*, 1907) de G. S. Viereck. C'est un écrivain qui est devenu frauduleusement un auteur à succès très prisé de l'intelligentsia de New York, parce qu'il a l'extraordinaire faculté de puiser les dons des hommes de talent qu'il rencontre, peintres, sculpteurs, musiciens ou poètes. Ses victimes, dépouillées de leur inspiration, sont alors plongées dans la confusion mentale, tandis que leur terrible parasite triomphe en s'appropriant leurs œuvres. Chet Williamson, dans *To Feel Another's Woe* (1989), imagine une actrice médiocre qui parvient à capter le talent des acteurs qui lui donnent la réplique et qui finit par briller sur la scène alors que ses partenaires jouent de plus en plus faux. Certains auteurs ont imaginé aussi une forme de vampirisme passif dans lequel une personne de bonne volonté, qui veut aider les autres, devient littéralement leur victime comme Eddie Burma, personnage messianique imaginé par Harlan Ellison dans *Essaie donc un couteau émoussé* (*Try a Dull Knife*, 1968), qui finit par être vampirisé par ses disciples et admirateurs.

Entre le vampire psychique surnaturel et le vampire métaphorique qui est un être ordinaire mais capable d'exercer une influence déterminante sur autrui, il n'y a en définitive qu'une différence de degré. Le vampirisme vu comme mode de relation avec autrui est central dans l'œuvre de Henry James où l'on rencontre très souvent des personnages qui exercent sur autrui un extraordinaire ascendant. C'est le cas en particulier dans *Professor Fargo* (1874), où un magnétiseur exerce un redoutable ascendant sur la jeune fille qu'il aime, dans *De Grey* (1868) où les représentants masculins de la famille De Grey, victimes d'une malédiction provoquent la mort de leurs fiancées, et dans *The Sacred Fount* (1901), roman où l'on voit deux époux se vampiriser mutuellement : dans un premier temps, Mrs Brissenden rajeunit inexplicablement à mesure que son mari semble vieillir prématurément jusqu'au moment où c'est l'inverse qui se produit. Dans *La Jolie Dame* (*The Lovely Lady*, 1927) de D. H. Lawrence, Pauline Attenborough est elle aussi un vampire métaphorique. Elle ne dispose pas de pouvoirs surnaturels, mais comme beaucoup de mères abusives, elle tient ses fils adultes sous son autorité ce qui lui permet de rester jeune et pleine de santé. Lorsque son fils cadet finit par se révolter et décide de devenir vraiment adulte, le charme est rompu et la « jolie dame » redevient une vieille femme. Iris Murdoch, enfin, a imaginé un extraordinaire personnage de vampire malgré lui dans son roman *An Accidental Man* (1973). Austin Gibson Grey, le protagoniste, qui provoque autour de lui toutes sortes de catastrophes, ne cesse de rajeunir alors que les victimes de ses maladresses connaissent un sort funeste.

Il y a aussi des vampires qui n'appartiennent pas à l'espèce humaine et qui peuvent être des animaux, des plantes, ou des objets inanimés. Il existe en particulier un immense bestiaire vampire comportant aussi bien la chauve-souris et le loup, avatars habituels des morts-vivants, que des animaux très divers et parfois inattendus. S'il n'est pas étonnant de trouver des vampires monstrueux qui s'apparentent tantôt à des pieuvres, comme dans *La Bête du néant* (1970) de M.A. Rayjean, tantôt à d'énormes sangsues comme dans *Negotium Perambulans* (1924) d'E. F. Benson, il paraît plus étrange de trouver aussi des oiseaux vampires comme dans *Vampires of Venus* de Karl Mannheim ou des poissons vampires comme dans *Les Vampires du Finistère* (*The Vampires of Finistère*, 1972) de Peter Saxon. Le monde végétal est, lui aussi, très riche en fleurs, arbustes ou arbres qui sucent le sang. Ce sont souvent les orchidées qui ont ce pouvoir comme dans *L'Étrange Orchidée* (*The Strange Orchid*, 1894) de H. G. Wells. Des arbres peuvent eux aussi se nourrir de sang comme dans *The Tree* (1987) de Gerald Page. Le règne minéral n'est pas non plus oublié. Dans *Le Maître des ombres* (*Jack of Shadows*, 1971), Roger Zelazny imagine une roche qui absorbe par osmose le sang des êtres vivants et dans *Volkhavaar* (1977) de Tanith Lee, c'est le dieu Takerna, sous la forme d'une pierre sacrée, qui doit être nourri de sang pour exaucer certains souhaits. Des lieux naturels peuvent aspirer la force vitale des personnes passant à proximité comme le « Coin interdit », lopin de terre aride au milieu d'un jardin, dans *The Transfer* (1912) d'Algernon Blackwood. Certaines demeures s'apparentent aux vampires comme l'étrange maison vétuste qui retrouve sa splendeur passée en faisant dépérir les gens qui l'habitent dans *Notre vénérée chérie* (*Burnt Offerings*, 1973) de Robert Marasco. Des objets fabriqués par la main de l'homme peuvent eux aussi vampiriser les humains. Ce sont parfois des objets d'art, soit des tableaux comme dans *The Mask* (1915) de Bernard Capes, soit des statues comme dans *The Silver Countess* (1920) de Seabury Quinn. De simples vêtements peuvent transformer en vampires ceux qui les portent, comme dans *La Cape* (*The Cloak*, 1939) de Robert Bloch ou *La Robe de soie blanche* (*Dress of White Silk*, 1951) de Richard Matheson. Dans *The Satin Mask* (1936), August Derleth imagine un masque qui fait mourir de langueur ceux qui le portent. Des jouets maléfiques peuvent eux aussi vampiriser leur jeune propriétaire comme la poupée de *A Cry from Beyond* (1931) de Victor Rousseau ou l'ours en peluche imaginé par Theodore Sturgeon dans *Le Professeur et l'ours en peluche* (*The Professor's Teddy Bear*, 1948). Certains objets sont plus insolites encore comme la voiture vampire du Tchèque Joseph Nesvabda dans *Vampires Ltd.* (1964) ou le lit qui absorbe le sang des jeunes mariés dans *Bridal Suite* (1980) de Graham Masterton.

18 *Le personnage du vampire a-t-il inspiré les poètes ?*

Dans leur immense majorité, les textes qui décrivent des vampires sont des romans et des nouvelles. Cela ne doit pas nous faire oublier que c'est dans le domaine de la poésie que le personnage du vampire s'est fait connaître, à la fin du XVIIIe siècle et au début du XIXe siècle. Il a fait sa première apparition dans la littérature d'imagination dans le poème de l'Allemand Heinrich August Ossenfelder, *Der Vampir* (1746). Le poète s'y identifie au vampire de l'histoire et il annonce à la femme à laquelle il rend ses visites nocturnes qu'il va boire son sang et l'initier à la mort. Ce court poème, aujourd'hui oublié, car il n'est pas un chef-d'œuvre, a eu néanmoins le mérite de fonder la convention littéraire de la relation amoureuse entre vampire et victime qui apporte à la fois le plaisir et la mort. Même si Ossenfelder n'a pas véritablement fait immédiatement école, la poésie romantique allemande, dans le cadre du mouvement *Sturm und Drang* en a retenu l'idée. Vingt-sept ans plus tard, dans sa célèbre ballade *Lenore* (1773), Gottfried August Bürger imagine qu'un chevalier mort au combat revient chercher sa fiancée pour l'emmener sur son destrier vers le royaume des morts. Traduite en anglais par Walter Scott, la ballade de Bürger a eu une très grande influence sur les romantiques anglais et notamment sur Coleridge et Shelley. Plus proche du vampire est l'héroïne de *La Fiancée de Corinthe* (*Die Braut von Korinth*, 1793) de Goethe, jeune fille morte depuis peu, apparaissant la nuit à son jeune fiancé qui ignore son décès. Après une nuit d'amour, la jeune femme annonce à son amant que ses baisers sont mortels et qu'il ne tardera pas à la rejoindre. La poésie romantique anglaise sera très influencée par Bürger et Goethe, et le thème de la femme fatale vampire sera très populaire. C'est ainsi que dans le Livre VIII de *Thalaba le destructeur* (*Thalaba the Destroyer*, 1801) de Robert Southey, la femme du héros, Oneiza, devenue vampire, doit être éliminée à coups de lance par son propre père. L'influence de *Lenore* est ici manifeste et certains vers de *Thalaba* sont une retranscription presque littérale de ceux de Bürger. Dans *Christabel* de Coleridge, c'est plutôt l'influence de Goethe qui se fait sentir. Geraldine, la femme fatale venue de nulle part, ressemble par plus d'un trait à la fiancée de Corinthe : elle procède par séduction et conduit ses victimes à la mort. La relation ambiguë qui s'instaure entre elle et la chaste Christabel annonce celle de Carmilla et de Laura dans la nouvelle de Le Fanu. Keats donne un très beau portrait de femme fatale vampire en puisant comme Goethe dans la mythologie de la Grèce antique, dans son poème narratif *Lamia*, (1820) inspiré d'une histoire de Philostrate dans *De vita Apollonii.* Sur la route de Corinthe, Menippus Lycius, un jeune homme de vingt-cinq ans, rencontre une femme d'une très grande beauté dont il s'éprend. Il ignore que cette femme est une lamie et, au moment où il s'apprête à l'épouser, son maître Apollonius lui apprend la vérité. Lamia se transforme alors en serpent avant de disparaître et son amant meurt de désespoir. Keats évoque également le vampirisme dans *La Belle Dame sans Merci* (1820) dont l'héroïne est une sorte de succube qui séduit les hommes passant à sa portée et les condamne au désespoir et à la mort. Byron lui-même s'est intéressé aux vampires. Ses voyages en Grèce et dans les pays d'Orient lui avaient permis de connaître les légendes locales et l'on trouve dans son poème *Le Giaour* (*The Giaour*, 1813) des allusions très précises au vampirisme. En France, le thème de la femme vampire est évoqué de façon très claire dans le poème de Théophile Gautier *Les Taches jaunes* (1844). Le poète y chante l'amour qu'il porte à sa maîtresse morte. Il rêve qu'elle sortira de son cercueil pour lui dispenser ses baisers mortels. Si les femmes fatales que sont Geraldine, Lamia et la Belle Dame sans Merci ont un comportement qui évoque celui du vampire, elles ne sucent en revanche jamais le sang de leurs victimes. Ce sont essentiellement des vampires métaphoriques.

Pourtant, à la même époque, on trouve en Angleterre quelques poèmes mineurs écrits par des auteurs plus ou moins connus où le vampirisme est décrit de façon nettement plus explicite. Dans *The Vampyre* (1810), ballade de John Stagg, le protagoniste, un certain Herman, est l'infortunée victime de son ancien ami Sigismond devenu vampire. Herman décrit les affreux festins sanglants de son agresseur. Celui-ci subira le supplice du pieu et Herman, devenu à son tour vampire, connaîtra le même sort. Dans un autre poème narratif, *The Vampire Bride* de Henry Liddell, publié en 1833, qui présente d'extraordinaires ressemblances avec *La Vénus d'Ille* de Mérimée, un jeune homme, le comte Albert, confie sa bague, le jour de son mariage, au doigt d'une statue représentant une très belle femme, mais il est incapable ensuite de la retirer. La nuit suivante, une apparition spectrale annonce au jeune homme qu'il lui appartient puisqu'il lui a donné sa bague et elle se précipite sur lui pour lui sucer le sang. Moribond, Albert ne sera sauvé que par les prières de sa femme à laquelle la Vierge Marie révèle l'endroit où la femme vampire est enterrée. Après l'élimination du monstre et la restitution de la bague, Albert aura la vie sauve. Le vampirisme est un motif romantique par excellence non seulement parce qu'il évoque les amours mortifères, mais aussi parce qu'il apporte un parfum d'exotisme en évoquant le charme de pays orientaux comme les Balkans, la Grèce et même la Turquie. Byron a su exploiter cet exotisme dans *Le Giaour* et Mérimée a fait de même dans les pseudo-ballades illyriennes qu'il a réunies dans son recueil intitulé *La Guzla*.

Dans la poésie de la seconde moitié du XIXe siècle, le vampire tend à représenter plutôt l'horreur de la mort et de la déchéance que le charme ambigu des amours d'outre-tombe. Alors que les séductrices de Goethe, Keats et Gautier étaient d'une beauté ensorcelante, les femmes vampires décrites par Baudelaire dans *Le Vampire* et *Les Métamorphoses du Vampire*, pièces condamnées des *Fleurs du Mal* (1868), n'inspirent que le dégoût. Dans le second poème, en particulier, la femme, en état de décomposition avancée, est devenue « une outre aux flancs gluants, toute pleine de pus ». Il y a là un souci manifeste de choquer le lecteur que reprendra l'année suivante Lautréamont dans son poème en prose *Les Chants de Maldoror* (1869). Le poète y invite, entre autres, son lecteur à vampiriser un adolescent qu'il soumettra à toutes sortes de tortures. Ici, plutôt que le dégoût physique, c'est l'horreur du sadisme qui prévaut.

Au début du XXe siècle, certains poètes utilisent le thème du vampire sur le mode de l'ironie. Dans deux poèmes publiés l'un et l'autre en 1916, les femmes vampires sont tournées en dérision : dans *The Vampire*, Rudyard Kipling se moque du pauvre naïf qui se laissera ensorceler par une de ces séductrices d'outre-tombe tandis que Scott Fitzgerald annonce dans *Vampires Won't Vampire Me* qu'il est absolument insensible aux charmes des vamps du cinéma. Alors qu'au début du XIXe siècle le vampire avait connu son heure de gloire en poésie grâce aux romantiques, ce motif n'a pas inspiré au siècle suivant d'œuvres vraiment remarquables. Certes on trouve des allusions au vampirisme chez des auteurs très connus comme T. S. Eliot dans *The Waste Land* (1926), William Butler Yeats dans *Oil and Blood*, et Ted Hughes dans *Vampire* (1957). James Joyce lui-même a inséré un court poème de quatre vers faisant allusion à un « pâle vampire » dans *Ulysses* (1922). Ces exemples sont néanmoins marginaux et le thème du vampire y est généralement exploité de façon métaphorique.

Il s'est en revanche développé toute une poésie populaire inspirée directement par la littérature d'horreur et cela, en particulier, aux États-Unis. Pendant la période de l'entre-deux-guerres, les *pulps* comme *Weird Tales* ont publié régulièrement des poèmes de plus ou moins bonne qualité sur des motifs appartenant à la littérature fantastique et le vampire y a trouvé une place de choix. Si l'on excepte les poèmes de Lovecraft et surtout de Clark Ashton Smith qui sont parfois excellents, la production poétique du XXe siècle est en général assez médiocre. Aujourd'hui encore, des revues spécialisées publient toutes sortes de poèmes inspirés par les vampires, mais en dehors de quelques heureuses exceptions, ils se contentent souvent d'accumuler des lieux communs et ne se soucient guère de la prosodie. Le vampire dans la poésie du XXe siècle n'a donc pas rempli les promesses que l'on pouvait fonder sur lui.

19 *Y a-t-il eu un théâtre des vampires ?*

Au début du XIXe siècle, c'est grâce au théâtre que le vampire s'est fait vraiment connaître du grand public. Comme la poésie, le théâtre a précédé la littérature narrative. L'opéra de l'Italien Silvestro di Palma, *I Vampiri,* a été joué dès 1800, soit dix-neuf ans avant *The Vampyre* de Polidori. Ce n'est en revanche qu'après la sortie en France de la traduction de ce texte que le théâtre s'est vraiment emparé du personnage. Le succès du récit de Polidori tenait pour une grande part au fait qu'il était attribué à Byron. La pièce, écrite par Nodier à partir du roman, a connu un énorme succès et elle a inspiré d'autres pièces en France et dans d'autres pays d'Europe. Alexandre Dumas a écrit en 1851, en collaboration avec Maquet, un mélodrame intitulé *Le Vampire*, adaptation très libre de celui de Nodier. En Angleterre, dès 1820, James Robinson Planché a écrit une adaptation en anglais du mélodrame de Nodier, *The Vampire, or the Bride of the Isles*, tandis que Dion Boucicault s'est inspiré de la pièce de Dumas pour écrire à son tour en 1851 un mélodrame, *The Vampire*. C'est encore l'intrigue du roman de Polidori, revue par Nodier, qui a servi de livret à l'opéra de Wilhelm Marschner, *Der Vampir*, représenté à Leipzig le 28 mars 1828. En dehors même de ces diverses adaptations du *Vampyre* de Polidori, les prédateurs nocturnes ont inspiré des comédies burlesques parmi lesquelles *Cadet Buteux, vampire* (1820), parodiant Nodier, par un auteur inconnu surnommé « Gros Caillou », et *Les Trois Vampires ou le Clair de lune* (1820), folie vaudeville en un acte, de Brazier, Gabriel et Armand. Anne Rice a retenu le nom de ce dernier dans *Entretien avec un vampire*. La pièce de Boucicault a elle-même inspiré en 1872 une parodie, *The Vampire*, d'un certain R. Reece. Il y a donc eu, dans l'Europe du XIXe siècle, un véritable engouement pour les pièces de théâtre plus ou moins inspirées du *Vampyre* de Polidori. En revanche, à la même époque, on trouve très peu de pièces sur un scénario vraiment original. On peut citer par exemple *The Vampire* (1821), de St John Dorset, tragédie en vers jamais représentée sur scène, dont le héros, le Prince Abdallah, est en fait un tyran qui, à la manière de Macbeth, recourt aux crimes les plus odieux pour parvenir au pouvoir. C'est encore dans une dimension métaphorique que le grand poète et dramaturge anglais Charles Algernon Swinburne aborde le vampirisme dans ses trois pièces en vers sur Marie Stuart, *Chastelard* (1865), *Bothwell* (1874) et *Mary Stuart* (1981). La reine d'Écosse y apparaît comme une femme impérieuse et cruelle. Elle est, selon la formule de Jean Perrin dans *La Femme vampire*, « l'apogée de la femme fatale, figure mythique du romantisme » (Perrin : 1993, 128). Swinburne la décrit maintes fois comme une femme assoiffée du sang des hommes.

Au XXe siècle, le vampire n'a pas inspiré d'œuvres majeures au théâtre. D'innombrables pièces, des comédies musicales ou des ballets ont été adaptés du *Dracula* de Stoker. L'auteur lui-même, régisseur du Lyceum Theatre à Londres, avait adapté son roman pour la scène sous le titre de *Dracula, or the Undead* et il en avait fait donner une lecture par les acteurs de la troupe, le 18 mai 1897, dans l'espoir que Henry Irving l'inscrirait au répertoire de la saison suivante. Irving quitta la salle en s'écriant « *Dreadful* » (affreux), ce qui sonna le glas de la pièce. Après la mort de Stoker, sa veuve Florence vendit les droits d'adaptation du roman à un ancien acteur du Lyceum Theatre, Hamilton Deane. Celui-ci écrivit alors une adaptation théâtrale jouée pour la première fois à Derby en 1924, avant de connaître un énorme succès à Londres. Afin de l'adapter au goût du public américain, Deane réécrivit sa pièce en collaboration avec John Balderston et cette nouvelle mouture fut jouée à guichets fermés à New York, en 1927. Bela Lugosi qui jouait le rôle du comte devait interpréter Dracula à l'écran en 1932. Si l'on fait exception de la grande époque des romantiques pour la poésie et de la mode des années 1820 qui a fait entrer le vampire au théâtre, on peut constater que, dans ces deux domaines, il n'y a pas eu d'œuvres véritablement attachantes qui ont résisté à l'épreuve du temps. Le domaine d'élection du vampire reste avant tout la littérature narrative en prose.

20 *Pourquoi la publication de* Dracula *a-t-elle marqué un tournant dans l'histoire du vampire en littérature ?*

Dracula a été publié en 1897, soit soixante-dix-huit ans après la publication du *Vampyre* de Polidori. On ne peut donc pas dire que Stoker, en l'écrivant, ait joué un rôle de pionnier. C'est pourtant bien son roman qui est à l'origine du mythe littéraire du vampire tel que nous le connaissons aujourd'hui, et cela pour diverses raisons. Rien ne semblait *a priori* prédisposer Abraham (dit Bram) Stoker à devenir l'auteur d'un des romans les plus lus de la littérature mondiale. Né à Clontarf, près de Dublin, le 8 novembre 1847, il était le fils d'un modeste fonctionnaire travaillant au Secrétariat général du Gouverneur, et son père le destinait à embrasser la même carrière que lui. Passionné de théâtre et remarqué par l'acteur Henry Irving lors d'un passage à Dublin, il partit pour Londres, en 1878, pour devenir le régisseur du Lyceum Theatre que dirigeait Irving. Avant de partir, il avait épousé Florence Balcombe, aimée d'Oscar Wilde. Travailleur acharné, il consacra son énergie à l'administration du théâtre, tout en écrivant en amateur. Après la faillite du Lyceum Theatre en 1903, Stoker eut de graves difficultés financières et il dut écrire cette fois pour gagner sa vie. Profondément déprimé après la mort d'Irving en 1905, usé par le surmenage et la maladie, il mourut en 1912. Les deux autres récits de vampires écrits par Bram Stoker sont *La Dame au linceul* (*The Lady of the Shroud*, 1909) et *L'Invité de Dracula* (*Dracula's Guest*) nouvelle publiée en 1914, à titre posthume.

Depuis longtemps, Stoker voulait écrire une histoire de vampire. Grand amateur dès la petite enfance des histoires merveilleuses ou terrifiantes que lui racontait sa mère, il avait un goût naturel pour le fantastique. Il avait probablement lu, par ailleurs, *The Vampyre* de Polidori, *Varney le vampire* et *Carmilla*, mais à la différence de ses prédécesseurs, il avait un souci d'authenticité. C'est pourquoi il se documenta à la bibliothèque du British Museum afin de mieux connaître les croyances et traditions des pays d'Europe centrale. Il rencontra Arminius Vambery, professeur de langues orientales à l'université de Budapest, en mission diplomatique à Londres, qui lui parla de l'histoire de la Roumanie. En quête d'un nom pour son personnage, il découvrit celui de Vlad Dracula au cours de ses lectures et il l'adopta immédiatement.

Le roman de Stoker est un curieux mélange de gothicisme et de modernisme. Il commence par le récit de voyage de Jonathan Harker en Transylvanie. Ce prologue est dans la tradition du roman gothique anglais. Le cadre, un château délabré au sommet d'un pic rocheux, rappelle celui des romans d'Ann Radcliffe. Le comte lui-même, personnage sombre et inquiétant, évoque les châtelains sadiques des romans gothiques. Lorsque le journal de Harker prend brusquement fin, nous nous trouvons transportés dans l'Angleterre de la fin du XIXe siècle où les secrétaires utilisent la sténographie et où les médecins se servent de dictaphones pour consigner leurs observations. La suite est très connue : Dracula débarque à Whitby, vampirise Lucy Westenra, amie de Mina, la fiancée de Harker, et élit domicile à l'abbaye de Carfax près de Londres. Le docteur Van Helsing appelé au chevet de Lucy se montre incapable de la guérir et, lorsque sa patiente meurt et devient vampire, il ordonne qu'on lui transperce le cœur. Le comte ayant jeté son dévolu sur Mina, Van Helsing et ses amis le poursuivent jusqu'à son château de Transylvanie où il sera éliminé par l'Américain Quincey Morris.

Ce qui distingue Dracula de tous les personnages de vampires qui l'ont précédé, c'est sa dimension prométhéenne : seul contre tous, il défie Dieu et les hommes. Dans le roman, il écrase de sa stature tous les autres personnages, et son élimination paraît un peu factice. Il fait désormais partie de la galerie des noirs scélérats qui ont marqué la littérature comme Iago, Richard III ou Ambrosio, le moine de Lewis, et il a servi de modèle à tous les vampires du XXe siècle. Dracula marque également un tournant dans l'histoire du vampire en littérature dans la mesure où il a bénéficié, dès sa publication, d'une extraordinaire notoriété qui n'a fait que se renforcer jusqu'à nos jours. *Dracula* a été diffusé dans le monde entier, traduit dans toutes les langues et constamment réédité. Si, aujourd'hui, on connaît l'existence du *Vampyre* de Polidori, de *Carmilla* ou de *Varney*, c'est pour une large part grâce à *Dracula*. Quel que soit leur mérite, ces ouvrages seraient tombés dans l'oubli ou n'intéresseraient plus que des spécialistes, si le mythe littéraire du vampire n'avait connu un tel retentissement grâce au *Dracula* de Stoker. *Dracula* enfin est le seul roman de vampire du XIXe siècle qui ait intéressé les producteurs de cinéma, et cela dès les premières années de diffusion du 7e art. On peut se demander si *Dracula* aurait la notoriété qu'on lui connaît aujourd'hui, si le cinéma n'en avait pas pris le relais. En 1932, le personnage du comte vampire s'est imposé auprès du grand public grâce au premier film parlant réalisé par Tod Browning. Dracula est devenu ainsi aussi familier que Sherlock Holmes ou d'autres personnages mythiques de la littérature populaire.

Grâce à son roman, Bram Stoker a donné vie à un personnage qui reste à notre époque omniprésent au cinéma et dans la littérature. Chaque année, on publie des romans et des nouvelles ayant Dracula pour héros. Avant d'en arriver là, il y a eu néanmoins une certaine éclipse du personnage dans la première moitié du XXe siècle, alors même que le roman était régulièrement réédité. La raison en est que la veuve de Stoker était légalement propriétaire des droits d'auteur concernant le roman et le personnage. Elle avait certes concédé les droits d'adaptation cinématographique à Universal en 1932, mais le personnage lui-même et son nom continuaient à lui appartenir. Comme elle avait naguère intenté un procès à la firme cinématographique Prana de Berlin pour avoir produit *Nosferatu*, les auteurs ayant des velléités de faire revivre le comte dans de nouveaux récits préféraient s'en abstenir de peur d'encourir les foudres de la veuve. En dehors d'un roman, publié en Turquie par un certain Ali Riga Seifi et intitulé *Kasigli Voyvoda*, qui transposait l'intrigue de Dracula à Istanbul, il fallut attendre l'année 1943, soit six ans après la mort de Florence Stoker, pour que le comte fasse sa réapparition dans un récit de fiction, *On ne raille pas le diable* (*The Devil Is Not Mocked*), nouvelle de Manly Wade Wellman.

Après la seconde guerre mondiale, il n'y avait plus d'obstacle à réutiliser le personnage et le nom de Dracula puisque le roman était dans le domaine public. Pourtant ce n'est qu'en 1958 que le comte vampire se retrouve sous les feux de la rampe grâce au film du réalisateur anglais Terence Fisher, *Le Cauchemar de Dracula* (*Horror of Dracula*). Non seulement on a vu paraître des « novélisations » des films sur Dracula, mais aussi des nouvelles et des romans originaux qui le font revivre comme *Les Archives des Dracula* (*The Dracula Archives*, 1971) de l'Anglais Raymond Rudorff, *Paris Vampire* (1974) du Français Claude Klotz qui a inspiré le film d'Édouard Molinaro, *Dracula, père et fils*, ou encore *Un amour de Dracula* (1987) d'Armand Farrachi. C'est dans les années 1970 que l'on voit paraître des séries entières de romans consacrés à Dracula sous la plume de Robert Lory, de Fred Saberhagen et de Peter Tremayne. En Allemagne, à la même époque, paraissent des dizaines de romans présentés sous la forme de fascicules à bon marché, racontant les nouvelles aventures de Dracula. Le film de Coppola, *Dracula* (*Bram Stoker's Dracula*), sorti en 1992, donnera une nouvelle vie au comte vampire. Depuis, des romans et nouvelles plus ou moins inspirés du roman de Stoker sont régulièrement publiés et l'on annonce pour l'automne 2009 le premier volume d'une nouvelle série de trois romans de l'arrière-petit-neveu de l'auteur de *Dracula*, Dacre Stoker. L'étonnante vitalité de ce personnage plus que centenaire montre, s'il en est besoin, qu'il fait partie intégrante de l'imaginaire contemporain et qu'il est décidément indémodable.

21 *Quels sont les rapports possibles entre la littérature vampiresque et l'Histoire ?*

La littérature fantastique, fondée sur l'irréel et le surnaturel, devrait par définition se situer en dehors de l'espace et du temps. Pourtant, elle évolue dans un cadre socio-historique précis et, comme toute autre littérature, elle en subit l'influence. Nous avons vu que certains personnages historiques comme Gilles de Rais, Vlad Ţepeş et la comtesse Báthory ont joué un rôle non négligeable dans l'élaboration des vampires de la littérature. Enfin, les récits comportant des vampires ne se déroulent pas tous à l'époque contemporaine et certains auteurs les ont situés à diverses périodes de l'Histoire.

Tandis qu'au XIXe siècle, on s'intéressait relativement peu à l'Histoire dans les récits mettant en scène des vampires, au siècle suivant, on trouve des romans et des nouvelles qui s'inscrivent dans une période historique très précise et qui osent même faire entrer dans leur diégèse des personnages connus ayant vraiment existé. C'est ainsi que le comte de Saint-Germain, personnage mythique présenté à Louis XV, qui affirmait vivre depuis des siècles grâce à un élixir de longue vie, devient vampire dans le cycle de romans que lui a consacré Chelsea Quinn Yarbro. Le premier, *Le Comte de Saint-Germain* (*Hotel Transylvania*, 1978) nous conduit dans le Paris du XVIIIe siècle et *The Palace* (1978) à Florence au temps de la Renaissance. Les romans suivants, sans le moindre ordre chronologique, nous mènent dans différents pays à diverses époques de l'Histoire, de l'Antiquité égyptienne à l'époque de la montée du nazisme en Allemagne. Chelsea Quinn Yarbro a écrit, par ailleurs, une tétralogie dont l'héroïne vampire, Atta Olivia Clemens, maîtresse de Saint-Germain, apparaît dans la Rome de Néron dans *Blood Games* (1980), avant de nous mener dans les trois romans suivants de Byzance en l'an 566 de notre ère à la France de l'époque de Richelieu. Une autre maîtresse vampire de Saint-Germain, Madelaine de Montalia, nous transporte cette fois aux États-Unis pendant la guerre de Sécession dans *In the Face of Death* (2001). Chacun des romans de Chelsea Quinn Yarbro est fondé sur une documentation historique extrêmement rigoureuse. Les protagonistes fictifs y côtoient des acteurs bien réels de l'Histoire comme Néron, Tamerlan, Gengis Khan, Henry VIII, Richelieu, Yvan le Terrible, le général Sherman ou Adolf Hitler. Dans la littérature vampiresque, Chelsea Quinn Yarbro occupe une place tout à fait particulière et ses romans, malheureusement non traduits en français, peuvent séduire les lecteurs épris d'Histoire. Le succès de ses romans fait qu'elle a eu des émules aux États-Unis. On peut citer en particulier les cinq romans que Les Daniels a consacrés à son héros vampire, Don Sebastian de Villanueva, lui aussi grand voyageur qui se déplace allégrement de siècle en siècle. Il devient vampire dans l'Espagne à l'époque de l'Inquisition dans *Le Vampire de la Sainte Inquisition* (*The Black Castle*, 1978) puis, dans les romans suivants, il participe à la conquête du Nouveau Monde, se trouve à Paris au moment de la Révolution, puis à Londres à l'époque de Jack l'éventreur, avant de gagner l'Inde au début du XXe siècle. Anne Rice elle-même fait voyager dans le temps ses protagonistes vampires : *Pandora* (1998) nous entraîne de la Rome impériale de César à la Louisiane du XXe siècle en passant par la France du XVIIIe siècle, *Armand le vampire* (1998) nous fait passer de l'Ukraine sous l'occupation mongole à la Venise de la Renaissance et *Vittorio* (2000) a pour cadre la Florence des Médicis. Dans un roman récent de l'Espagnol Francisco González Ledesma, *La Ville intemporelle* (*La Ciudad sin tiempo*, 2007), c'est toute l'histoire de Barcelone qui défile depuis l'Inquisition jusqu'à nos jours sous les yeux du même témoin, le narrateur vampire.

Afin de situer historiquement l'origine des vampires, certains auteurs évoquent les époques lointaines où se sont élaborés les grands mythes de l'humanité. C'est ainsi qu'Anne Rice, dans *Lestat le Vampire*, nous explique qu'Isis et Osiris sont les ancêtres de tous les vampires. Dans *La Malédiction des Pharaons* (*The Sleeper in the Sand*, 1998), Tom Holland puise également dans l'histoire et la mythologie égyptiennes et nous apprend que le premier vampire n'était autre que le roi Akhenaton, initié au vampirisme par son épouse Nefertiti. Peter Tremayne, dans *Dracula, My Love* (1980), nous révèle que Dracula lui-même était d'ascendance égyptienne. C'est en consultant les papyrus de ses ancêtres, adorateurs du dieu Draco, qu'il aurait découvert le secret de l'immortalité. Dans *Les Prédateurs*, c'est à la mythologie grecque que Whitley Strieber fait appel : son héroïne, Miriam, est fille de Lamia et elle évoque son enfance dans la Grèce antique. C'est sans doute Simon Raven dans *Doctors Wear Scarlet* (1950) qui donne l'explication des origines du vampirisme la plus étrange en la reliant au mythe d'Héraclès et de l'Hydre. Selon lui, les vampires étaient à l'origine de simples mortels, adeptes d'une secte très ancienne dans l'île d'Hydra. Ayant découvert le secret de l'immortalité en pratiquant des sacrifices humains, ils auraient provoqué la colère du roi Héraclès qui aurait saccagé la ville d'Hydra et massacré tous les membres de la secte. Devenus morts-vivants, ceux-ci auraient reconstitué la secte dans différents points du globe malgré les persécutions. Le mythe de l'Hydre, selon Raven, s'explique par le fait que la secte des vampires s'est préservée jusqu'à nos jours car elle a survécu à tous les massacres et ses rangs n'ont fait que se multiplier comme les têtes du monstre mythique. L'Histoire sainte elle-même est mise à contribution pour expliquer l'origine du vampirisme. Dans *This is My Blood* (1999), David Niall Wilson offre au lecteur des extraits d'un évangile inédit, celui de Judas. Nous apprenons que c'est Pierre, et non Judas, qui a trahi le Christ et que l'ancêtre des vampires n'est autre que Marie Madeleine, envoyée par Satan pour tenter Jésus.

Les grands moments de l'Histoire et les personnages les plus marquants sont évoqués dans certains romans. Dans un roman picaresque de Gore Vidal, *In Search for the King* (1950), un troubadour va à la recherche de Richard Cœur de Lion, parti en croisade, et s'éprend d'une femme vampire. Richard Cœur de Lion réapparaîtra dans *The Empire of Fear* (1988) de Brian Stableford. Dans *The Dragon Waiting* (1983) de John M. Ford, le protagoniste vampire rencontre le futur Richard III et Laurent de Médicis. La restauration des Stuarts est évoquée dans deux romans de vampires, *To Be Damned* de Kenneth Miller (1996) et *Deliver Us From Evil* (1997) de Tom Holland, où l'on rencontre des personnages célèbres comme Milton. La Révolution française a particulièrement frappé les esprits, probablement à cause de son côté sanguinaire, et elle a donc inspiré une foule d'histoires de vampires parmi lesquelles on peut citer, outre *Citizen Vampire* (1981) de Les Daniels, *Thirst of the Vampire* (1992) de T. Lucien Wright et *A Sharpness in the Neck* (1996) de Fred Saberhagen. Dans ce dernier roman, Dracula en personne, en visite en France, rencontre Marat,

Robespierre et le marquis de Sade. Les exploits sanglants de Jack l'éventreur ont eux aussi attiré l'attention d'auteurs comme Les Daniels dans *Yellow Fog* (1986), Kim Newman dans *Anno Dracula* (1992) et Fred Saberhagen dans *Dracula et les spirites* (*Seance for a Vampire*, 1994).

L'histoire contemporaine est malheureusement très riche en événements tragiques et les deux guerres mondiales constituent une période privilégiée pour les auteurs d'histoires de vampires. C'est surtout le nazisme, envisagé comme la forme moderne du Mal absolu, qui inspire les auteurs. Les sinistres SS sont souvent assimilés à des vampires, mais il arrive aussi que ces derniers se révèlent des alliés précieux pour ceux qui les combattent. Dracula lui-même extermine une compagnie d'officiers nazis dans *On ne raille pas le diable* de Manly Wade Wellman. Le comte rééditera le même exploit, mais sur une plus grande échelle, dans *The Bargain* (1991) de John Ruddy et il ira même jusqu'à tuer Hitler dans son bunker. Dans *La Forteresse noire* (*The Keep*, 1981) de F. Paul Wilson, c'est une entité vampire enfermée dans un donjon qui se charge d'exterminer une compagnie allemande. Le récit le plus troublant sur cette période tragique est sans conteste la nouvelle de Gardner Dozois et Jack Dann *Plus morts que morts-vivants* (*Down Among the Dead Men*, 1993) dont l'intrigue se situe dans un camp d'extermination, où un vampire achève les mourants pour mettre fin à leurs souffrances. D'autres conflits plus récents ont également servi de cadre à des histoires de vampires. Dans *Il fallait faire quelque chose* (*Something Had to Be Done*, 1975), David A. Drake, par exemple, évoque la guerre du Viêt Nam à propos d'un certain soldat, Steve Lunkowski, seul survivant de sa section, qui se révèle être un vampire.

Les régimes communistes ont eux aussi inspiré de nombreuses histoires de vampires. Lénine et Staline sont décrits comme des prédateurs sanglants, notamment dans *Le Vampire de la place Rouge* (1976) de Pierre Gripari et *Vladimir's Conversion* de J. N. Williamson (1995). La chute de Ceauşescu a inspiré deux romans, *Les Fils des ténèbres* (*Children of the Night*, 1992) de Dan Simmons et *Nocturnas* (1994) de Shawn Ryan, où l'on apprend que Dracula était l'éminence grise du Conducator et que les cadres du Parti et de la Securitate étaient des vampires.

L'histoire littéraire a, elle aussi, été mise à contribution. Dans de nombreux romans et nouvelles sur les vampires, on rencontre des écrivains connus comme John Milton, Lord George Byron, John Keats, Mary Shelley, Mark Twain, Conan Doyle, Oscar Wilde, Edgar Poe, Bram Stoker, Scott Fitzgerald, Virginia Woolf et bien d'autres. Certains événements de l'histoire littéraire, à l'origine de classiques du fantastique, sont contés comme des histoires de vampires. La fameuse réunion de la Villa Diodati qui a vu naître l'idée du *Vampyre* de Polidori (voir question 16) est ainsi évoquée dans le roman de l'Argentin Federico Andahazi, *La Villa des mystères* (*Las Piadosas*, 1998). Byron, Polidori et Shelley y sont confrontés à d'authentiques femmes vampires. Byron, Shelley et Keats sont vampirisés dans d'autres romans comme *In Silence Sealed* (1988) de Kathryn Ptacek et *Le Poids de son regard* (*The Stress of Her Regard*, 1989) de Tim Powers. Dans *Pendant que luisait la lune* (*When It Was Moonlight*, 1940) de Manly Wade Wellman, c'est cette fois Edgar Poe qui rencontre une femme vampire.

22 *Dans quels pays d'Europe le vampire littéraire a-t-il eu le plus de succès ?*

Aujourd'hui plus de 80 % de la littérature vampiresque éditée dans le monde est produite aux États-Unis, comme si l'Amérique disposait d'une sorte de monopole sur ce sujet. Mais il n'en a pas toujours été ainsi, et l'on peut même dire que l'Amérique ne s'est ouverte que tardivement à ce thème. Au XIXe siècle, ce sont essentiellement la France, l'Allemagne et l'Angleterre qui se sont intéressées aux vampires.

Même si la première histoire de vampire est due à la plume de l'Anglais Polidori, c'est la France qui en a vraiment lancé la mode au XIXe siècle et des auteurs connus comme Nodier, Mérimée et Gautier y ont contribué de façon magistrale. Outre son *Lord Ruthwen et les vampires*, Nodier a écrit, en 1821, *Smarra ou les démons de la nuit* où il évoque un démon femelle qui incite ses victimes à sucer le sang d'autrui. En dehors des ballades illyriennes de *La Guzla* qui mettent en scène des vampires, Mérimée a écrit en 1869 *Lokis*, dont le héros, le comte Szémioth, suce le sang de sa jeune épouse pendant leur nuit de noce. *La Morte amoureuse* (1835) de Théophile Gautier est un grand classique du genre connu dans le monde entier. Alexandre Dumas raconte dans les chapitres XII, XIII et XIV des *Mille et un fantômes* (1894) l'histoire d'une jeune Polonaise victime d'un vampire, le comte Kostaki. Cette histoire est souvent publiée séparément dans les anthologies sous le titre de *La Dame pâle*. Enfin, dans un roman peu connu, *L'Île de feu* (1870), Dumas met en scène un vampire asiatique, le *Barkhasam*. On ne trouve pas de vampires au sens propre du terme dans les contes fantastiques de Maupassant mais on peut considérer l'entité invisible décrite dans *Le Horlà* (1887) comme une sorte de vampire psychique. Paul Féval, qui avait écrit une pièce de théâtre, *Le Fils vampire* (1820), a publié pour sa part trois courts romans : *La Vampire* (1850) dont l'héroïne, la comtesse Gregyori, absorbe, non pas le sang, mais les cheveux de ses victimes, *Le Chevalier Ténèbre* (1862) et *La Ville-Vampire* (1875) qui ont un caractère résolument parodique. Ponson du Terrail, le créateur de Rocambole, a écrit deux romans, *La Baronne trépassée* (1853) et *La Femme immortelle* (1869) dont les héroïnes sont des femmes mystérieuses que l'on soupçonne d'être des vampires. On assiste, dans la littérature décadente de la fin du XIXe siècle, au retour des femmes fatales vampires comme la marquise de Montauriol dans *Ompdrailles, le tombeau des lutteurs* (1879) de Léon Cladel et la protagoniste de *La Buveuse de sang* (1900) de Rachilde. Dans la première moitié du XXe siècle, les vampires de la littérature française sont soit des vampires psychiques, comme les protagonistes de *La Maison des hommes vivants* de Claude Farrère, soit des extraterrestres comme les Martiens vampires des deux romans de Gustave Le Rouge, *Le Prisonnier de la planète Mars*, (1908) et *La Guerre des vampires* (1909), soit des faux vampires comme dans *Le Vampire de Tasselberg* (1931) de Maurice Renard. Les seuls vampires qui se rapprochent de l'orthodoxie sont le marquis de Pontcroix, dans *Le Grand Saigneur* (1922) de Rachilde, et le marquis de Coulteray dans *La Poupée sanglante* (1924) de Gaston Leroux. Après la seconde guerre mondiale, les vampires traditionnels font désormais partie du paysage littéraire français. La collection « Angoisse » a publié quelques romans originaux comme *Syncope blanche* (1958) de Kurt Steiner, histoire d'un névrosé qui se croit devenu vampire, *Moi Vampire* (1966) de Maurice Limat, où le narrateur raconte son expérience et *La Goule* (1968) de Marc Agapit où le vampirisme est assimilé à une maladie contagieuse. Quelques bons romans ont paru en France pendant la seconde moitié du XXe siècle comme *Les Vampires de l'Alfama* (1975) de Pierre Kast et *La Mante au fil des jours* (1977) de Christine Renard. Claude Seignolle a publié deux nouvelles qui sont devenues des classiques, *Le Chupador* (1960) et *Pauvre Sonia* (1965). Au XXIe siècle, la relève a été assurée en particulier par de jeunes et talentueuses romancières comme Françoise-Sylvie Pauly avec *L'Invitée de Dracula* (2001), Manou Chintesco avec *Les Compagnons d'Hela* (2004) et Charlotte Bousquet avec *Lettres aux ténèbres* (2008). Enfin, en dehors de l'Hexagone, la littérature fantastique d'expression française a atteint des sommets en Belgique. La littérature belge francophone a fourni elle aussi quelques histoires de vampires devenues des classiques sous la plume de Jean Ray, Thomas Owen, Jean Muno ou Gaston Compère. Le romancier populaire Henri Vernes, créateur de Bob Morane, a imaginé des créatures synthétiques, créées par l'Ombre jaune, qui sucent le sang de leurs victimes. Bob Morane, enfin, rencontre Vlad Ţepeş en personne dans *Les Périls d'Ananké* (1975) et, dans *La Griffe de l'Ombre jaune* (1978), on le voit secourir Angelina, descendante du comte Vlad Nosferat, cruel despote devenu vampire. La littérature vampiresque francophone est également représentée au Québec avec, entre autres, un excellent roman d'Anne Hébert, *Héloïse* (1980).

La littérature anglaise a été la première à populariser l'image du vampire grâce à la poésie romantique, et surtout à la publication du premier texte en prose; mais le premier long roman dédié au vampirisme, *Varney the Vampyre* n'est paru qu'en 1847 et la première nouvelle, *The Last Lords of Gardonal* de William Gilbert, en 1867. On relève quelques romans sur le vampirisme psychique comme *The Princess Daphne* (1888) d'Edward Heron-Allen, *The Parasite* (1894) d'Arthur Conan Doyle et de *The Blood of the Vampire* (1897) de Florence Marryat, au titre trompeur. Par ailleurs, dans la dernière décennie du siècle, hormis *Dracula*, les meilleurs textes sont des nouvelles. Le vampire trouve alors sa quintessence en littérature. Les nouvelles dominent aussi pendant les premières décennies du XXe siècle. Les seuls romans sont *La*

Dame au linceul de Bram Stoker qui est loin de valoir *Dracula* et *The Vampire* (1912) de Reginald Hodder. Dans la seconde moitié du XXe siècle, les auteurs anglais les plus prolifiques en histoires de vampires sont Ronald Chetwynd-Hayes, Tanith Lee et Brian Lumley. On remarque aussi quelques romans très originaux comme *The Bad Sister* (1978) d'Emma Tennant et *Gideon* (1993) de Steven Laws. Enfin, au XXIe siècle, on peut citer *Vampyrrhic* de Simon Clark (2003), ainsi que *Manitou Blood* (2005) et *Descendant* (2006) de Graham Masterton.

L'Allemagne est sans doute le pays européen qui a été le plus fertile en romans et nouvelles sur le thème du vampire après la France et la Grande-Bretagne. Au XIXe siècle, un grand nombre de romans d'inspiration gothique dans la tradition du *Sturm und Drang* ont été publiés, mais contrairement à leurs équivalents français qui ont toujours connu une certaine notoriété, ils sont aujourd'hui pour la plupart complètement oubliés. On peut citer parmi eux *Der Vampyr; oder Die Totenbraut* (1828) de Theodor Hildebrand et *Der Baron Vampyr* (1846) d'Edwin Bauer. Dans la première moitié du XXe siècle, un seul roman domine dans la littérature de langue allemande, *Vampir* (1922) de Hanns Heinz Ewers, histoire d'un homme souffrant d'une maladie qui le contraint à consommer du sang pour survivre. À la même époque, on trouve quelques nouvelles sur le thème du vampire écrites par des auteurs réputés comme Karl Hans Strobl, Hanns Heinz Ewers et Gustav Meyrink. Après la seconde guerre mondiale, en Allemagne de l'Ouest, la culture populaire est fortement américanisée. Au début des années 1970, des dizaines de romans influencés par les séries américaines y paraissent. Leurs auteurs portent tous des pseudonymes de consonance anglaise. Il suffit de citer quelques titres significatifs comme *Die Blutsauger von Tahiti* de Dan Shocker (1970), *Die Vampir-Klinik* de Mike Shadow (1980), *Kopf des Vampirs* (1974) d'Earl Warren ou *Draculas Erbe* (1974) de Robert Lamont. Les plus prolifiques de ces auteurs mercenaires sont Jason Dark, Mike Shadow et Dan Shocker qui, à eux seuls, ont écrit des dizaines d'ouvrages de ce genre. Cette production intensive fait que statistiquement l'Allemagne vient en seconde place derrière les États-Unis pour le nombre de romans de vampires publiés. En revanche, sur le plan qualitatif, cette littérature ne présente guère d'intérêt. Le seul roman vraiment original qui mérite une mention spéciale dans la littérature allemande est *La Lumière et la Clef* (*Das Licht und der Schlüssel*, 1984) d'Adolf Muschg.

Les pays de langue romane, en dehors de la France et de la Belgique, ne semblent pas avoir été très attirés par le thème du vampire, tout au moins en littérature. En Italie, on peut citer quelques textes plus ou moins connus comme *Le Mari Vampire* (*Un Vampiro*, 1907) de Luigi Capuana, *Racconto d'autonno* (1947) de Tommaso Landolfi et *Il Castello dei destini incrociati* (1973) d'Italo Calvino. En Espagne, on trouve quelques romans intéressants comme *Les Històries naturals* (1960) de Joan Perucho, *La Logique du vampire* (*La Lógica del vampiro*, 1989) d'Adelaida García Morales et, plus récemment, *La Ville intemporelle* de Ledesma. Jusqu'à une époque récente, le vampire était pratiquement inconnu dans les pays scandinaves, mais la situation est en train d'évoluer comme en témoignent quelques romans tels que *Vlad* (1995) de Hanna Lützen au Danemark ou, plus récemment, *Let the Right One In* du Suédois Lindqvist. Dans les pays de l'ancien bloc communiste, la littérature fantastique a été pendant longtemps mise à l'index. La Russie, où quelques grands classiques du vampirisme avaient paru au XIXe siècle comme *Vij* (1834) de Nicolaï Gogol, *La Famille du Vourdalak* (1847) d'Alexeï Tolstoï, *Apparitions* (1864) et *Clara Millitch* (1883) d'Ivan Tourgueniev, n'a produit aucune œuvre significative pendant la période soviétique. Depuis la chute du communisme, en revanche, le vampire est revenu en force, notamment dans le cycle de *Night Watch* (1998-2007) de Sergueï Loukianenko qui comporte actuellement quatre romans et qui a inspiré deux films. En Tchécoslovaquie, pendant l'époque communiste, la seule nouvelle connue est *Vampires Ltd.* de Joseph Nesvabda. La Roumanie, pays des vampires, n'a pas produit d'ouvrage significatif en dehors de *Mademoiselle Christina* (*Domnişoară Christina*, 1935) de Mircea Eliade mais l'ouverture du pays à l'Occident devrait rapidement changer la situation.

23 *Pourquoi les vampires ont-ils un tel succès aux États-Unis ?*

Les États-Unis sont entrés tardivement dans le petit club des pays où existe une littérature vampiresque. Au XIXe siècle, en effet, on ne trouve que très peu de romans et de nouvelles sur le thème du vampire. Certes, on peut trouver du vampirisme dans certains contes de Poe comme *Morella* (1835) ou *Ligeia* (1838) mais, dans les *Histoires extraordinaires*, on ne trouve jamais de vampires au sens propre du terme. Pendant la première décennie du XXe siècle, les trois seuls textes significatifs sont *La Maison du vampire* de Viereck, *Luella Miller* (1903) de Mary E. Wilkins-Freeman et *Car le sang est la vie* (*For the Blood is the Life*, 1911) de F. Marion Crawford. En 1925, paraissent *Quatre pieux de bois* (*Four Wooden Stakes*) de Victor Rowan et *L'Ensorcelé* (*Bewitched*) d'Edith Wharton qui vont lancer la mode. La nouvelle de Rowan a été publiée dans *Weird Tales*, l'une de ces fameuses revues à bon marché spécialisées dans le fantastique et la science-fiction surnommées *pulps*, et où des auteurs comme Lovecraft, Clark Ashton Smith, C. L. Moore, David. H. Keller, Robert Bloch, Ray Bradbury et bien d'autres ont pu se faire connaître. De 1925 à la seconde guerre mondiale, des dizaines de nouvelles sur le thème du vampire ont été publiées ainsi que quelques romans feuilletons dans ces magazines. C'est dans *Weird Tales, Amazing Stories* et *Unknown* que l'on trouve les meilleures histoires de vampires de l'époque et ce sont elles qui ont véritablement popularisé ce thème aux États-Unis.

Après la seconde guerre mondiale, la plupart des *pulps* ont disparu. *Weird Tales* lui-même cesse de paraître à partir de 1954. La revue a eu néanmoins le temps de publier quelques classiques du vampirisme par des auteurs comme Robert Bloch, Ray Bradbury et Theodore Sturgeon. Une nouvelle revue, *The Magazine of Fantasy and Science-Fiction*, prend le relais de *Weird Tales* pour publier quelques-unes des meilleures histoires de vampires de l'époque. Dans les années 1950, le seul roman qui domine, *Je suis une légende* (*I Am Legend*, 1954) de Richard Matheson, donne du vampire une image tout à fait nouvelle par le biais de la science-fiction. Pendant les années 1950 et 1960, on voit paraître d'excellentes nouvelles par Matheson et d'autres auteurs comme Philip K. Dick et Richard A. Johnstone. La plupart d'entre elles ont un caractère parodique, ce qui semble indiquer que le vampire n'est plus pris au sérieux. Pourtant, le retour de Dracula à l'écran grâce à la firme britannique Hammer, en 1958, donne brusquement un nouvel élan au vampire. Le comte réapparaît dans *Count Dracula's Canadian Affair* (1960) de Fredrick Otto, puis ses nouvelles aventures à l'écran inspirent des romans reprenant le scénario des principaux films comme *The Brides of Dracula* (1960) de Dean Owen et *Dracula, Prince of Darkness* (1967) de John Frederick Burke. En dehors d'*Un peu de ton sang* (*Some of Your Blood*, 1961) de Theodore Sturgeon qui sort totalement des sentiers battus, les romans des années 1960 ne présentent pourtant guère d'intérêt. C'est dans la décennie suivante que l'on assiste au début de la publication de masse des histoires de vampires, qui se traduit par une avalanche de romans et de nouvelles souvent dépourvus d'intérêt et c'est aussi à cette époque que commencent les séries. La première d'entre elles, *Dark Shadows*, sous la signature de Marilyn Ross est elle-même tirée d'une série télévisée du même nom sur la chaîne ABC, comptant 1245 épisodes, de juin 1966 au 2 avril 1971. Le héros en est un vampire sympathique, Barnabas Collins, naguère victime d'une malédiction. Le premier roman, *Barnabas Collins* de Marilyn Ross, où il apparaît, a été publié en 1968 et le 32e et dernier épisode, *Barnabas, Quentin and the Vampire Beauty*, clôturera la série en 1972. En 1973, sous la plume de Robert Lory, paraît *Dracula Returns*, premier volume d'une série de neuf romans dont le dernier sera publié en 1975, l'année où Fred Saberhagen écrit *Les Confessions de Dracula* (*The Dracula Tapes*), premier tome d'une nouvelle série de dix épisodes qui ne s'achèvera qu'en 2002 avec *Coldness in the Blood*.

En réaction, peut-être, avec ces romans destinés au grand public et sans grand intérêt sur le plan littéraire, une véritable révolution culturelle s'opère dans le monde des vampires. Les années 1970 et 1980 deviennent alors un nouvel âge d'or pour les vampires en littérature. Le premier roman qui marque ce renouveau est *Salem* (*Salem's Lot*, 1977) de Stephen King, situé dans une petite ville américaine dont la population ne croit pas aux vampires. Parmi les grands classiques de cette époque, on peut citer, outre l'excellent *Entretien avec un vampire* d'Anne Rice, *Ghost*

Story de Peter Straub, *Un vampire ordinaire* (*The Vampire Tapestry*, 1980) de Susy McKee Charnas, *Les Prédateurs* de Whitley Strieber et *Vampire Junction* (1984) de S.P. Somtow, ainsi qu'un excellent roman sur le thème du vampirisme psychique, *L'Échiquier du mal* (*Carrion Comfort*, 1989) de Dan Simmons. Dans les années 1990, grâce au *Dracula* (1992) de Coppola, le vampire est de nouveau d'actualité et le personnage de Stoker inspire de nombreux ouvrages de fiction. L'un des chefs-d'œuvre de cette décennie, en revanche, n'a rien à voir avec Dracula, il s'agit d'*Âmes perdues* (*Lost Souls*, 1996) de Poppy Z. Brite dont l'intrigue se déroule parmi les marginaux de La Nouvelle-Orléans. Les années 1990 voient déferler une masse de romans et de nouvelles qui font des États-Unis une terre d'élection pour les vampires. Cette abondante littérature est surtout destinée à un public d'adolescents. Au XXIe siècle, le phénomène connaît son apogée avec les quatre romans du cycle *Twilight* de Stephenie Meyer (2006-2007) qui se sont vendus à dix-huit millions d'exemplaires et connaissent dans le monde entier un succès comparable à celui des aventures d'Harry Potter. La plupart des romans qui paraissent aujourd'hui appartiennent à des séries faisant l'objet d'un véritable culte bien qu'elles soient pour la plupart insipides et répétitives. La littérature vampiresque américaine actuelle est donc riche sur le plan quantitatif, mais elle est de plus en plus standardisée et assez pauvre en ce qui concerne la qualité littéraire.

24 *Y a-t-il des vampires dans la science-fiction et la* fantasy ?

Le vampire est par essence un personnage de la littérature fantastique, et c'est dans le domaine de l'horreur et l'épouvante que l'on s'attend légitimement à le rencontrer. Il a pourtant très vite émigré vers d'autres genres littéraires qui peuvent se situer aux antipodes du fantastique.

La science-fiction se fonde, comme l'indique sa dénomination, sur une démarche intellectuelle de type scientifique. Or, le vampire y est apparu dès le début du XXe siècle. Dans les premiers récits de science-fiction, il est vrai, le mot « vampire » doit être utilisé avec prudence car les personnages qui sucent le sang ou qui aspirent l'énergie vitale d'autrui sont très différents des morts-vivants classiques. Les Illiens qui prolongent leur existence grâce au sang que leur fournissent de malheureux captifs dans *La Fin d'Illa* (1925) de José Moselli, peuvent être assimilés à des vampires tout comme les vieillards, décrits par Claude Farrère dans *La Maison des hommes vivants*, qui doublent leur durée de vie en absorbant l'énergie vitale de jeunes gens en bonne santé. Dans les deux cas, en revanche, il n'y a rien de surnaturel, c'est la technologie qui permet de réaliser ces prodiges : les Illiens utilisent des « machines à sang » et les personnages de Claude Farrère ont inventé une sorte de mécanisme optique pour soustraire l'énergie vitale de leurs victimes. Dans la science-fiction, le vampirisme, quelle qu'en soit la nature, est toujours expliqué de façon rationnelle. Dans certains cas, il s'agit de mutations biologiques qui modifient le métabolisme d'un végétal, d'un animal ou d'un humain. Dans *L'Étrange Orchidée* (1896) de H. G. Wells, on voit une espèce mutante d'orchidée sucer le sang d'un botaniste. Dans *La Guerre du lierre* (*The Ivy War*, 1930), de D. H. Keller, c'est une espèce mutante de lierre vampire qui se met à proliférer, vouant l'humanité à une mort certaine. Parfois, ce sont des espèces animales qui subissent ces mutations, comme les chauves-souris du désert mojave devenues vampires dans *Le Vol noir* (*Nightwing*, 1977) de Martin Cruz Smith. Après la seconde guerre mondiale, les bombardements atomiques d'Hiroshima et de Nagasaki ont donné une actualité brûlante au problème des mutations bio-génétiques causées par la radioactivité. Dans *Je suis une légende* de Matheson, c'est un bacille mutant à la suite d'un conflit nucléaire mondial qui transforme peu à peu les survivants en vampires. Plus récemment, dans *Le Baiser du masque* (*In the Drift*, 1985), Michael Swanwick imagine que l'explosion d'une centrale nucléaire a transformé toute une région des États-Unis en désert radioactif. Les survivants ont subi des mutations biologiques monstrueuses et l'héroïne du roman est devenue vampire. La pollution industrielle est, elle aussi, un facteur de risque. Dans *Érèbe ou les noirs pâturages* (*Erebus*, 1984) de Shaun Hutson, les ouvriers d'une usine chimique sont transformés en vampires à la suite d'une erreur de manipulation. Enfin, le thème de la guerre bactériologique est employé dans certains romans comme *48* (1996) de James Herbert, où Hitler emploie ce type d'arme en Angleterre et où les Londoniens sont mués en créatures enragées assoiffées de sang.

Les extraterrestres qui sucent le sang ou se nourrissent d'énergie vitale sont fréquents dans la science-fiction. *La Guerre des mondes* (*The War of the Worlds*, 1898) de H. G. Wells est le premier roman où l'on voit des Martiens capturer les humains pour les vider de leur sang. Dans *Vampires Overhead* (1935), Alan Hyder décrit l'invasion de la Terre par des chauves-souris venues de l'espace qui sucent le sang des Terriens. Une forme plus insidieuse d'invasion est celle de créatures invisibles qui aspirent notre énergie vitale comme les Vitons de *Guerre aux invisibles* (*Sinister Barrier*, 1939) d'Eric Frank Russell, qui vivent parmi nous et se nourrissent de nos émotions. On retrouve cette idée dans deux romans de Colin Wilson, *Les Parasites de l'esprit* (*The Mind Parasites*, 1967) et *Les Vampires de l'espace* (*The Space Vampires*, 1976). D'autres extraterrestres ont une manière plus originale encore de vampiriser les hommes : ils confectionnent une copie parfaite d'un être humain en utilisant son ADN et son énergie vitale. Lorsque le double ainsi créé prend vie, la victime qui lui a donné son corps meurt instantanément, ce qui permet à la créature extraterrestre de prendre sa place en se faisant passer pour elle. C'est le postulat, entre autres, de *La Chose d'un autre monde* (*Who Goes There?*, 1938) de John W. Campbell Jr., et de *L'Invasion des profanateurs* (*Invasion of the Body Snatchers*, 1954) de Jack Finney. Par ailleurs, les hommes du futur rencontrent également des créatures de ce genre au cours de leurs voyages interplanétaires comme Shambleau, femme fatale à la chevelure vivante, et Julhi, extraterrestre cyclope à la bouche en forme de ventouse, dans les nouvelles de C.L. Moore. Les vampires extraterrestres ont parfois l'aspect de monstrueuses chauves-souris, comme les Martiens du *Prisonnier de la planète Mars* (1908) et de *La Guerre des vampires* (1909) de Gustave Le Rouge. Certains auteurs font évoluer Dracula en personne dans le monde de la science-fiction, comme Brian Aldiss dans *Dracula Unbound* (1991) où un homme du XXIe siècle, à bord d'un train qui peut voyager dans le temps, poursuit Dracula et ses alliés, et Simon Hawke dans *The Dracula Caper* (1988) où le vampire se révèle être un robot perfectionné.

Dans une tout autre direction, la *fantasy* est un genre qui par certains côtés se rapproche du fantastique, mais qui relève en fait plutôt du merveilleux. À la manière des contes de fées, la *fantasy* nous fait entrer de plain-pied dans des pays totalement imaginaires où tout est possible. C'est dans les *pulps* de l'entre-deux-guerres que la *fantasy*, alors appelée *sword and sorcery* ou *heroic fantasy*, a fait son apparition dans la littérature populaire. Les vampires en font partie intégrante, notamment dans les récits de Clark Ashton Smith et de Robert E. Howard. Le premier a imaginé ou réactualisé des contrées fabuleuses comme Zothique, Hyperborée, l'Atlantide ou Averoigne, province française imaginaire. Après la seconde guerre mondiale, la trilogie de Tolkien, *Le Seigneur des anneaux* (*Lord of the Rings*, 1954-1955) donne un essor nouveau à la *fantasy*. Le vampirisme y joue un rôle important. Le héros préféré de Michael Moorcock, Elric de Melnoboné, par exemple, dispose d'une épée magique, Stormbringer, qui a la faculté d'absorber l'âme de ceux qu'elle tue et d'en conférer la force à son détenteur. Le phénomène des jeux de rôles a permis aux vampires traditionnels de jouer un rôle important dans le monde de la *fantasy* (voir question 49).

25 *Dans quels autres genres littéraires rencontre-t-on des vampires ?*

L'un des genres littéraires préférés des auteurs, en dehors du récit d'horreur fantastique, est, comme nous l'avons vu (question 21), le roman historique. Un autre genre à la lisière du récit fantastique, de la science-fiction et du récit historique est l'uchronie. Il s'agit pour les auteurs de réécrire l'Histoire en bouleversant la chronologie des événements et en y ajoutant des éléments fictifs. Dans *The Empire of Fear*, par exemple, roman dont l'intrigue s'étend sur trois siècles, Brian Stableford a imaginé qu'un chercheur génial, Edmund Cordery, contemporain de Richard Cœur de Lion, a découvert avant de mourir le secret de l'immortalité des vampires. Son fils Noell qui en bénéficie change le cours de l'Histoire. On assiste alors à des événements très curieux comme celui où Richard Cœur de Lion s'allie au Dracula historique, Vlad Ţepeş, pour attaquer la base militaire de Noell Cordery à Malte. Kim

Newman recourt lui aussi à l'uchronie dans ses romans, mais sur le mode parodique. Dans *Anno Dracula*, il postule que le héros de Stoker n'a pas été éliminé par le coup de poignard de Quincey Morris et qu'il revient à Londres pour se venger. Présenté à la reine Victoria, il l'épouse, devient prince consort, prend Lord Ruthven comme Premier ministre et dirige l'Angleterre d'une main de fer, faisant empaler ses ennemis à la Tour de Londres. Dans *Le Baron rouge sang*, renversé par une révolution de palais, Dracula s'enfuit en Allemagne où il devient le chef des armées des puissances centrales pendant la première guerre mondiale. Dans *Le Jugement des larmes*, il met fin à la seconde guerre mondiale en signant le Traité de Croglin Grange en 1943 et, à sa mort, ses anciens adversaires, Lord Ruthven, le président Eisenhower, le maréchal Joukov, et le général De Gaulle lui rendent un vibrant hommage.

On trouve souvent des vampires dans la littérature policière, ce qui peut surprendre car ce genre littéraire exclut *a priori* tout recours au surnaturel. Dans les toutes premières enquêtes portant sur des cas de vampirisme, l'explication finale est rationnelle. Le premier récit de ce genre est *Le Vampire du Sussex* (*The Adventure of the Sussex Vampire*, 1924) de Conan Doyle où Sherlock Homes prouve que la femme accusée d'avoir vampirisé son enfant a été victime d'un terrible malentendu. Harry Dickson, le héros de Jean Ray, enquête lui aussi sur des affaires de ce genre, notamment dans *Le Vampire aux yeux rouges* (1935) et *Le Vampire qui chante* (1936). Dans tous ces récits, qui ont beaucoup vieilli, l'explication finale paraît totalement artificielle, voire grotesque. Dans des romans plus récents, et plus convaincants, on a affaire à des meurtriers qui jouent au vampire, qui se prennent vraiment pour tels ou qui abusent de la crédulité d'autrui. Philip MacDonald, dans *Le Vampire* (*Murders Gone Mad*, 1931) met en scène un tueur en série défiant la police en envoyant des lettres signées « le vampire ». Dans *The Players and the Game* (1972), excellent roman de Julian Symons, un autre tueur en série enlève et torture à mort des jeunes filles, en jouant le rôle de Dracula. Beaucoup moins réussi est le roman de Philip Daniels, *The Dracula Murders* (1983) où le tueur est un psychopathe qui se prend vraiment pour Dracula et qui cherche désespérément sa chère Lucy Westenra. En France, certains romans récents comme *Les Morsures de l'aube* (1992) de Tonino Benacquista, *On a tiré sur un cercueil* (1997) d'André Ruellan, et *Un lieu incertain* (2008) de Fred Vargas ont su marier habilement l'enquête policière et l'illusion du surnaturel.

Le vampirisme et l'amour font bon ménage. Depuis maintenant plus de trente ans, on voit proliférer des romans érotiques ou sentimentaux qui donnent du vampire une image nouvelle. Les histoires de vampires érotiques ont commencé timidement à apparaître dans certains *pulps* de l'entre-deux-guerres comme *Spicy Mystery Stories*. Ce n'est qu'au début des années 1970 que, la censure ayant disparu, cette littérature s'exprime en toute liberté. Dracula en est la première cible et l'on ne se prive pas de réécrire le roman de Stoker à l'aune de l'érotisme. Amarantha Knight a publié *The Darker Passions : Dracula* (1993) qui reprend fidèlement l'intrigue du roman en ajoutant des passages libertins. Dans *L'Autre Dracula* (1997), le Français Tony Mark utilise le même procédé mais en donnant aux rapports entre les personnages une tonalité homosexuelle. Aux États-Unis, ont été publiés des romans d'un érotisme torride comme *Extases sanglantes* (*Live Girls*, 1987), dont l'intrigue se déroule dans un *peep-show* et *Tapineuses vampires* (*Lot Lizards*, 1991) de Ray Garton qui met en scène des prostituées vampires. De nombreuses anthologies érotiques ont vu le jour comme les deux volumes d'*Éros vampire* (*Love in Vein*, 1994-1997) de Poppy Z. Brite, *Love Bites* (1995) d'Amarantha Knight et *Baisers de sang* (2005) d'Alain Pozzuoli.

Dans un autre registre, on assiste à une avalanche de romans sentimentaux qui mettent en scène des vampires, en particulier aux États-Unis, aux éditions Love Spell, et au Canada, aux éditions Harlequin. Ce phénomène permet aux éditeurs de toucher un large public. Si ces romans n'excluent pas nécessairement la violence ou l'érotisme, ils donnent néanmoins une image très aseptisée du vampire. Celui-ci y est souvent dépeint comme un incompris, une victime du destin, qui a besoin d'amour et de tendresse. Dans le dénouement, généralement heureux, il parvient à transcender sa condition ou même à redevenir un être humain normal. Trevor Laine, le sympathique vampire de *Peur sur les ondes* (*Love Bites*, 1995), de Margaret St George, renonce à l'immortalité pour redevenir humain par amour pour Kay Erickson. Dans *Nuits magnétiques* (*Good Night My Love*, 1996) de Jeanne Rose, Adriana

Thorn accepte par amour de s'unir à Valentin Kadar bien qu'il soit un vampire. Des dizaines de romans de ce genre ont été écrits. Depuis quelques années, ces romans sentimentaux s'adressent de plus en plus à un public d'adolescents. Actuellement, une série fait fureur auprès du public des *high schools* américaines, il s'agit de *Dark Lover* de J. R. Ward ainsi, évidemment, que la tétralogie *Twilight* de Stephenie Meyer.

Aujourd'hui, aux États-Unis, les romans de vampires à la fois érotiques et sentimentaux destinés aux adolescents constituent une très grande proportion de ce que l'on publie sur ce thème. La littérature vampiresque pour la jeunesse, de la maternelle au lycée, est devenue pour les éditeurs américains un atout majeur et nous y consacrerons tout un développement dans la question 27.

26 *Le vampire est-il toujours pris au sérieux dans la littérature ?*

La littérature humoristique, elle aussi, a annexé depuis longtemps le personnage du vampire. De toutes les créatures extraordinaires de la littérature fantastique, le vampire est sans doute celle qui a été la plus brocardée. S'il effraie facilement les âmes sensibles, le vampire fait en revanche sourire, voire ricaner, les rationalistes convaincus qui ne parviennent pas à le prendre au sérieux. Le comte Dracula est la première cible des humoristes. Dans *Sun of Dracula* (1961) de Lima da Costa, il est victime du soleil de minuit lors d'un passage en Norvège. Dans *Le Comte Dracula* (*Count Dracula*, 1970) de Woody Allen, il commet l'erreur fatale de confondre le jour et la nuit lors d'une éclipse de soleil. Claude Klotz le dote d'un fils encombrant et maladroit dans *Paris vampire* (1974). Le roman de Stoker lui-même est la cible des humoristes. Dans *Les Confessions de Dracula*, Fred Saberhagen donne la parole au comte qui reprend toute l'histoire racontée par Stoker en en soulignant les incohérences ou en ajoutant des commentaires ironiques. Les vampires sont également tournés en dérision dans *In Dracula Memoriam* (1998) de Gaston Compère.

Le fait de s'amuser aux dépens des vampires est, bien sûr, antérieur à la parution de *Dracula*. Déjà en 1874, Paul Féval donnait une savoureuse parodie des romans fantastiques, dans *La Ville-vampire*. De nombreux auteurs du XXe siècle ont pris un plaisir évident à parodier les histoires de vampires. Dans *Croquemitaine viendra te chercher* (*The Bogeyman Will Get You*, 1945), Robert Bloch raconte l'histoire d'une jeune fille qui soupçonne son voisin d'être vampire ; celui-ci la rassure et lui dit qu'il n'est qu'un loup-garou avant de la dévorer. Dans *La Grande Réunion* (*Homecoming*, 1946), Ray Bradbury présente une famille de vampires où les enfants se couchent dans leur cercueil le matin après avoir fait leur prière à Satan et prennent le soir un bol de sang chaud au petit-déjeuner ; le petit dernier, Timothy, est un enfant attardé qui désespère ses parents car il n'aime pas le sang et a peur de l'obscurité. Dans *Du sang !* (*Blood*, 1955), Fredric Brown imagine deux vampires qui fuient leurs poursuivants dans une machine à voyager dans le temps, et qui se retrouvent dans un futur lointain où les hommes ont disparu, remplacés par des navets intelligents dont le sang est, comme on le sait, très pauvre en hémoglobine. Plus récemment, on a vu paraître aux États-Unis des séries de romans plus ou moins burlesques mettant en scène des vampires comme l'amusante série *Undead* de MaryJanice Davidson.

27 *Comment raconte-t-on les histoires de vampires ?*

La littérature narrative s'exprime sous forme de romans ou de nouvelles, auxquels on peut ajouter les *novellas*, forme hybride entre le court roman et la longue nouvelle. La forme courte convient très bien au fantastique car elle permet, dans un espace limité, d'entretenir le suspense du début à la fin et de ménager un effet de surprise dans le dénouement, alors qu'il est plus difficile d'obtenir un tel résultat dans un roman. Il n'est donc pas surprenant que la première apparition d'un vampire dans la littérature en prose ait été un récit ne comportant qu'une quinzaine de pages, *The Vampyre* de Polidori. L'auteur entretient le mystère et ce n'est que dans la toute dernière phrase du récit que l'on apprend que Lord Ruthven est en fait un vampire. Le XIXe siècle a une nette préférence pour la nouvelle et, si l'on fait exception de *Varney* et de *Dracula*, les textes les plus marquants de l'époque, *The Vampyre* de Polidori, *La Morte amoureuse*, *La Famille du Vourdalak* et *Carmilla* sont des textes courts. C'est encore la nouvelle qui triomphe dans la première moitié du XXe siècle, notamment en Angleterre et dans les *pulps* américains. Ce n'est qu'après l'introduction des livres en format de poche, pratiques et peu coûteux, dans les années 1950, que les romans vont rapidement prendre le pas sur les nouvelles. Aujourd'hui il paraît plus d'histoires de vampires sous forme de romans que de nouvelles. La conséquence en est une baisse très nette, à quelques exceptions près, de la qualité des textes. Autrefois, on publiait les romans sous forme de feuilletons, chaque chapitre formant un épisode. *Varney*, par exemple, ne comporte pas moins de deux cent vingt chapitres. Il fallait pour l'auteur inventer sans cesse de nouveaux épisodes, ce qui, à la longue devenait fastidieux. La forme du feuilleton a subsisté pendant la première moitié du XXe siècle, notamment dans les *pulps* américains. Aujourd'hui, aux États-Unis, on préfère publier à la chaîne des séries de romans. Même si certains de leurs auteurs font preuve de talent comme Anne Rice, Chelsea Quinn Yarbro ou Laurell K. Hamilton, ce procédé devient à la longue ennuyeux et engendre une véritable sclérose. Les histoires contemporaines de vampires sous forme de nouvelles, en revanche, ont souvent l'avantage de l'originalité et peuvent encore surprendre.

Jusqu'à la publication de *Dracula*, les histoires de vampires, qu'il s'agisse de romans ou de nouvelles, étaient presque invariablement contées à la troisième personne par un narrateur extradiégétique, anonyme et omniscient. Ce type de récit, lorsqu'il s'agit d'une nouvelle, a été longtemps construit selon un schéma immuable qui étonnait le lecteur quand le vampire était encore mal connu, mais qui ne recèle plus aujourd'hui aucune surprise : après une série de morts inexplicables, un enquêteur, qui peut être un policier, un médecin ou un spécialiste des sciences occultes, finit par comprendre qu'il s'agit de l'œuvre d'un vampire et, après l'avoir identifié, l'élimine en lui plantant un pieu dans le cœur. Ce schéma narratif, trop souvent utilisé dans le passé, n'a plus cours aujourd'hui car le vampire est un personnage tellement connu que l'histoire serait vraiment trop prévisible. Dès le XIXe siècle, cependant, certains récits sont conçus selon un autre schéma narratif comme *La Morte amoureuse* et *Carmilla*, où le narrateur est la victime de la femme vampire. C'est encore un récit à la première personne qui ouvre le roman de Stoker. Nous faisons connaissance avec Dracula par ce que nous en dit Jonathan Harker dans son journal. En revanche, selon un procédé bien connu, employé entre autres par Poe dans *Arthur Gordon Pym*, le récit de Harker s'arrête brusquement et reste inachevé, plongeant le lecteur dans la perplexité. À partir de là tout bascule : l'auteur nous ramène en Angleterre et la diégèse n'est plus un récit linéaire mais une série de documents, lettres, extraits de journaux intimes, rapports médicaux, juxtaposés sans ordre apparent où l'on informe le lecteur de faits qui semblent n'avoir aucun rapport les uns avec les autres : l'accostage à Whitby d'un bateau fantôme, les observations d'un médecin aliéniste à propos d'un de ses malades et la maladie soudaine d'une jeune fille qui souffre de somnambulisme. Ce n'est que progressivement que le lecteur parvient à reconstituer la trame de l'histoire et à comprendre que le comte Dracula évoqué par Harker est le dénominateur commun à tous ces éléments disparates. Ce procédé narratif que l'on pourrait presque qualifier de postmoderne est repris au XXe siècle dans de nombreux romans impliquant des vampires. Beaucoup d'auteurs mettent un point d'honneur à écrire à la manière de Stoker. Dans *Salem* de Stephen King, l'auteur nous présente une petite ville américaine où évoluent divers personnages sans rapport apparent les uns avec les autres. Le roman est donc composé de diverses intrigues parallèles jusqu'à ce que, comme dans *Dracula*, le vampire Barlow devienne le dénominateur commun. D'autres romans sont construits sur un schéma narratif fragmenté dans le temps, par l'utilisation constante de prolepses et d'analepses. C'est le cas de *Je suis une légende* où l'auteur entretient constamment le mystère par de subtils retours en arrière. Ce type de récit éclaté est fréquemment utilisé dans les romans contemporains, en particulier aux États-Unis. Le public américain, contrairement au public européen, aime les romans qui couvrent plus de cinq cents pages. Un tel procédé narratif permet à l'auteur de maintenir l'intérêt du lecteur jusqu'au dénouement.

Dans les premières histoires de vampires, le lecteur ne peut s'identifier à ces personnages. Lord Ruthven, Varney et Carmilla ne s'expriment jamais directement. C'est le narrateur qui rapporte leurs paroles. On remarquera que dans *Dracula*, les personnages s'expriment tous à la première personne par le truchement de lettres, de journaux intimes ou de rapports qu'ils rédigent mais le vampire est le seul qui n'ait pas droit à la parole. On ne le perçoit qu'à travers le regard des autres. Cette conception selon laquelle le vampire fait donc figure d'accusé qui ne peut pas présenter sa défense reste très répandue dans les romans et les nouvelles des premières décennies du XXe siècle. Un premier pas vers une autre conception est franchi en 1937 dans *Dans ma solitude*, de Henry Kuttner. Contrairement à ce que laisse penser le titre anglais de la nouvelle, *I the Vampire*, c'est un récit à la troisième personne, mais qui est raconté selon le point de vue du protagoniste vampire, le chevalier Futaine. Le lecteur comprend alors que ce vampire malgré lui est plus à plaindre qu'à blâmer. En 1939, Lester del Rey va plus loin dans *Cross of Fire* où, cette fois, c'est le vampire lui-même qui devient narrateur. Karl Hahröffer raconte son étrange expérience : s'étant un jour retrouvé pratiquement sans mémoire, sous la pluie, il a repris le chemin du village proche en s'étonnant que toutes les personnes qui le croisaient fuyaient épouvantés. Intrigué par d'autres détails tout aussi déconcertants, il retrouve la mémoire et se souvient qu'il est mort, victime d'une femme vampire. C'est un peu un récit du même genre que l'on trouve dans *Au-dessus de la rivière* (1941) de P. Schuyler Miller. Par un procédé de focalisation interne, l'histoire est racontée du point de vue du vampire, un ancien bûcheron nommé Joe Labathie. Ayant tout oublié de sa vie antérieure, il découvre à ses dépens qu'il ne peut manger, que l'eau le brûle et que la lumière lui fait mal. Le monde extérieur est décrit tel qu'est censé le percevoir un vampire. Lorsque Labathie recouvre la mémoire, il est trop tard car ceux qui étaient ses amis dans une autre vie s'apprêtent à l'exterminer. Dans cette histoire poignante, c'est pour une fois le vampire qui est pitoyable. Le premier roman de ce genre est *Moi, vampire* de Maurice Limat. Le narrateur-protagoniste, auquel nous pouvons nous identifier, nous permet de comprendre ce qu'un homme ordinaire peut ressentir lorsqu'il devient mort-vivant. C'est néanmoins Anne Rice qui va le plus loin dans cette introspection du vampire dans *Entretien avec un vampire*. Comme l'indique le titre, ce n'est pas cette fois la forme du récit à la première personne qui est utilisée, mais celle du dialogue. Louis, le vampire de La Nouvelle-Orléans, accepte de répondre à toutes les questions, même les plus indiscrètes, que lui pose un jeune homme. Il explique le plus précisément possible ce qu'il a ressenti au moment de sa mort, ce que le sang représente pour lui et comment il perçoit désormais le monde. La plupart des œuvres de fiction qui mettent en scène des vampires aux XXe et XXIe siècles sont soit des récits linéaires classiques à la troisième personne, comme *Les Prédateurs* de Strieber ou *Let the Right One in* de Lindqvist, soit des récits fragmentés composés d'éléments divers comme *Salem*, soit des dialogues comme *Entretien avec un vampire* ou *L'Interrogatoire* (*The Interrogation*, 1987) de Dean Koontz, soit des récits à la première personne comme *Sabella* de Tanith Lee et *La Lumière et la Clef* d'Adolf Muschg, dont le sous-titre est « Roman d'éducation d'un vampire ».

Il existe d'autres schémas narratifs plus originaux que l'on trouve dans un petit nombre de textes. L'un d'entre eux consiste à impliquer directement le lecteur en lui parlant à la seconde personne, comme dans *La Fille aux yeux avides* (*The Girl with the Hungry Eyes*, 1949) de Fritz Leiber et dans *Conversion* (1977) de Ramsey Campbell. Dans la première nouvelle, l'auteur demande au lecteur de s'identifier à la victime d'une femme fatale, monstrueux vampire psychique, et dans la seconde, le lecteur est amené, par le même procédé, à prendre la place d'un homme qui, rentrant chez lui, croit que sa femme est la victime d'un vampire, alors qu'en réalité le vampire de l'histoire n'est autre que lui-même. Il faut enfin signaler quelques textes que l'on peut qualifier de postmodernes, où les règles de la narration sont remises en question comme *Dead Boys* (1994) et *Dead Girls* (1995) de Richard Calder ou encore *Blood of Mugwump* (1996) de Doug Rice, romans très hermétiques dont la trame narrative est quelque peu délirante. On peut en dire autant de certaines nouvelles de Richard Christian Matheson comme *Vampire* (1986) et *Sirènes* (*Sirens*, 1988).

28 *Pourquoi le vampire fascine-t-il aujourd'hui de très jeunes lecteurs ?*

La littérature vampiresque était à l'origine destinée à un public adulte. Le côté horrible et macabre du thème fait qu'il a toujours été déconseillé à nos chères têtes blondes et, dans les pays occidentaux, la législation visant à protéger la jeunesse l'a longtemps banni de la littérature enfantine. Aux États-Unis, où la censure était très forte dans les domaines du cinéma et de la littérature destinée à la jeunesse, les règles se sont assouplies à partir de 1970. L'utilisation de personnages violents ou effrayants tels que vampires ou loups-garous était alors interdite dans ce genre de publication. La Commission américaine de censure décida de l'autoriser à condition qu'elle soit « conçue dans la tradition classique telle que *Frankenstein*, *Dracula* et autres ouvrages de grande valeur littéraire » (Melton et Eighteenbisang : 1996). Cette décision faisait suite à la diffusion, à partir de 1969, d'une émission télévisée pour les enfants, *Sesame Street*, où l'on voyait, entre autres, un personnage de vampire présenté comme un cousin de Dracula, nommé « Count von Count », et utilisé à des fins pédagogiques pour familiariser les jeunes téléspectateurs au maniement des nombres, son nom étant un jeu de mots, *count* signifiant aussi bien « comte » que « compter ». Dès le premier janvier 1971, le nouveau code de censure fut mis en application et, en 1972, la maison d'édition Marvel commença à publier une revue de bandes dessinées pour la jeunesse, *The Tomb of Dracula*, par la suite traduite en plusieurs langues. La même année, Nancy Garden, directrice littéraire de Junior Scholastic publia un ouvrage didactique sur les vampires destiné aux enfants. Au début, les premiers romans pour les enfants étaient des réécritures de *Dracula* que l'on avait adapté en supprimant les passages les plus effrayants. C'est donc un Dracula très aseptisé qui apparaît dans toutes ces publications. Dans les années 1980, Victor G. Ambrus et Alan Benjamin publient pour de très jeunes enfants, dans la très sérieuse maison Oxford University Press, une série d'ouvrages consacrés à Dracula, dont les titres sont très didactiques, comme *What's the Time, Dracula ?* (1991) et *Let's Count, Dracula* (1992) où le comte apprend aux jeunes lecteurs à compter et à lire l'heure. Dans un registre moins didactique, Debbie Dadey et Marcia Thornton Jones racontent aux enfants les nouvelles aventures de Dracula, comme dans *Dracula Doesn't Drink Lemonade* (1995), tandis que Martin Waddell publie une série consacrée au « Petit Dracula » qui retrace l'enfance du vampire avec des titres comme *Little Dracula's First Bite* (1985) et *Little Dracula Goes to School* (1987). D'autres personnages de vampires destinés aux tout petits font leur apparition comme le comte Boris Bolescu (1989-1993) et Vlad le Drac (1982-1994), vampire végétarien d'Ann Jungman, sans oublier le lapin vampire Bunnicula (1979-1994) de James et Deborah Howe et le canard vampire Duckula (1988) de John Brownhead. Il va de soi que tous ces vampires sont inoffensifs. Pour les enfants à partir de treize ans, les vampires deviennent plus terrifiants comme dans *La Solitude du buveur de sang* d'Annette Curtis Klause. L'exemple anglo-saxon a fait rapidement des émules en Europe. L'un des personnages les plus populaires de la littérature enfantine est le « petit vampire » (*der kleine Vampir*) de l'Allemande Angela Sommer-Bodenburg dont les livres ont été traduits en anglais et en français. Les romans de la série *L'École des petits vampires* (*Die Schule der kleinen Vampire*, 1998-1999) de Jackie Niebish, également traduits en plusieurs langues, ont eu eux aussi beaucoup de succès. Le Néerlandais Paul Van Loon a publié quelques ouvrages amusants pour les enfants comme *Ne mordez jamais vos voisins* (*Nooit de Buren Bitjen*, 1995). En France, ont été publiés divers romans pour la jeunesse sur le thème du vampire comme *Dracula contre le petit Chaperon rouge* (1985) de Jean-Pierre Cuisinier, *Je m'appelle Dracula* (1993) d'Olivier Cohen et *La Messagerie de Dracula* (2000) de Barbara Sadoul. Ainsi s'est développée dans le monde entier toute une littérature destinée à l'enfance et à la petite enfance qui a eu pour effet de démythifier et de dédramatiser le vampire. Dracula, aujourd'hui, est un nom aussi familier pour les enfants que l'étaient Blanche-Neige ou Cendrillon pour les générations précédentes.

Depuis trente ans, les morts-vivants occupent une place de premier plan dans un autre secteur de la littérature, en progression constante, destiné aux adolescents. Des dizaines de romans, souvent publiés en cycles, mettent en scène des personnages de jeunes vampires qui évoluent dans un cadre familier aux adolescents, celui du collège et du lycée. Aujourd'hui, de très jeunes auteurs américains, pour la plupart de sexe féminin comme Christine Feehan, Charlaine Harris et bien d'autres, écrivent des romans de vampires où les personnages ont le même âge que les lecteurs auxquels ils sont destinés. Dans ces romans, où l'amour et la mort sont les maîtres mots, on trouve violence et érotisme, mais aussi une sentimentalité tout à fait romantique. Les adolescents qui lisent ces ouvrages y retrouvent leurs aspirations et leurs problèmes. C'est cela qui explique pour une grande part l'actuel engouement des jeunes lecteurs pour les romans de Stephenie Meyer.

29 *Peut-on établir un palmarès des histoires de vampires ?*

Il est toujours hasardeux de vouloir classer des romans par ordre de préférence. Tel roman ou tel film qui apparaîtra aux yeux de certains comme un chef-d'œuvre sera perçu par d'autres comme un échec total. Pourtant, il est indéniable, en ce qui concerne la littérature vampiresque où le meilleur côtoie le pire, que certains textes se détachent des autres parce qu'ils sont riches, bien écrits et originaux. Ces textes, en général, font l'unanimité et sont sans cesse réédités. La littérature vampiresque est devenue au fil des ans, surtout aux États-Unis, une littérature de masse qui cherche uniquement à distraire ses lecteurs. Le phénomène des séries n'a fait qu'accentuer cette évolution. Dès lors qu'un roman connaît un certain succès, son auteur doit écrire des suites qui sont de moins en moins convaincantes. Dans cet immense ensemble que l'on peut qualifier de « littérature de gare », quelques œuvres méritent un jugement moins sévère.

Dans le domaine du roman, trois titres qui font à peu près l'unanimité se détachent nettement des autres parce qu'ils représentent chacun une étape importante dans l'évolution du vampire en littérature, il s'agit bien sûr de *Dracula* de Stoker, de *Je suis une légende* de Matheson et d'*Entretien avec un vampire* d'Anne Rice. *Dracula*, comme nous l'avons vu, a joué un rôle fondamental dans la constitution du mythe littéraire du vampire. Quand on le relit aujourd'hui, on constate qu'il a beaucoup vieilli. Le manichéisme un peu naïf de l'histoire, son côté moralisateur et édifiant, notamment dans les propos de Van Helsing qui se réfère constamment à Dieu, le caractère superficiel des personnages qui, à l'exception de Dracula lui-même et de Mina Harker, sont des victoriens sans relief, le caractère artificiel du dénouement heureux de l'histoire, paraissent pesants au lecteur moderne. En revanche, le personnage prométhéen du vampire, orgueilleux et solitaire, est devenu une figure mythique qui force aujourd'hui encore l'admiration. On l'a certes beaucoup brocardé mais il a été constamment imité et le succès qu'il connaît aujourd'hui encore au cinéma fait de lui un personnage qui transcende les modes et résiste à l'usure du temps. Même si nous en connaissons parfaitement l'intrigue dans ses moindres détails, le roman de Stoker garde un charme incontestable, grâce au mode narratif choisi par l'auteur, à l'évocation tout à fait magique de la Transylvanie et à l'érotisme subtil qui transparaît entre les lignes. Certains épisodes du roman, où passe le souffle du génie – comme le séjour de Harker au château Dracula ou la scène où le comte initie Mina au vampirisme –, sont des grands moments de la littérature fantastique. Dans un registre très différent, *Je suis une légende* s'impose comme « l'anti-Dracula ». Tandis que Stoker renouait avec l'univers magique et envoûtant du roman gothique, Matheson ancre au contraire son histoire dans un univers futuriste, puisque l'intrigue se déroule dans un avenir proche sur notre Terre dévastée par un conflit nucléaire. L'auteur de *Dracula* réalisait la prouesse de faire resurgir les superstitions d'un autre âge dans le monde contemporain dominé par la technologie. Matheson, au contraire, écarte d'emblée le surnaturel pour imposer une vision totalement rationalisée du vampirisme. Ses vampires sont apparemment conformes à la tradition : ils dorment le jour, ne peuvent sortir que la nuit, ne se nourrissent que de sang et sont pratiquement invulnérables puisque seul un pieu planté dans leur cœur peut les détruire, mais le héros du roman, Richard Neville, donne méthodiquement une explication rationnelle de chacune de ces caractéristiques. Les vampires sont en fait des hommes ordinaires dont le métabolisme a été transformé par le bacille mutant qui les maintient en vie à condition qu'ils ingèrent constamment du sang frais et qu'ils évitent les rayons du soleil, mortels pour le bacille. Un tel postulat paraît évidemment tout à fait improbable et devrait même nous faire sourire, si Matheson ne réussissait le tour de force de nous y faire croire. Grâce au talent de l'auteur, nous suivons pas à pas Neville dans sa lutte quotidienne contre les vampires et son histoire nous paraît presque plausible. C'est en tout cas la première fois que, dans un roman de science-fiction, on nous présente d'authentiques vampires, munis de tous leurs attributs, qui ne nous paraissent ni invraisemblables ni absurdes. Le roman de Matheson a fait école et suscité bien des imitations. Tout en restant fidèle aux conventions du genre, il a donné du vampire une image totalement renouvelée. *Entretien avec un vampire*, enfin, constitue un tournant dans l'histoire littéraire d'abord en raison de l'énorme succès qu'il a immédiatement connu dans le monde entier, ensuite par la façon tout à fait nouvelle dont il représente le vampire. Pour la première fois, comme le montrent les tirages impressionnants de l'époque, une histoire de ce genre a réussi à toucher non seulement les amateurs de fantastique, mais un lectorat beaucoup plus large qui, pour une grande part, ignorait tout des morts-vivants et qui n'avait même pas lu *Dracula*. Ce qui fascine le public, c'est qu'une créature surnaturelle vienne lui révéler ce qu'elle ressent au fond d'elle-même. Ce n'était certes pas la première fois qu'un vampire s'exprimait directement, mais, dans le roman d'Anne Rice, il le faisait d'une façon si convaincante que le personnage semblait presque réel. Louis, le héros, n'est pas une simple abstraction, c'est un être sensible, capable d'aimer et de souffrir, déchiré entre les nécessités biologiques de sa nouvelle existence et sa conscience d'être humain. *Lestat le vampire*, qui fait suite à ce premier roman, est lui aussi très intéressant même si l'effet de surprise initial s'est dissipé. Les autres romans du cycle des vampires d'Anne Rice, en revanche, sont laborieux et répétitifs.

Les meilleurs romans sur le thème du vampirisme, outre la qualité du style, sont ceux qui font un effort d'originalité et qui donnent à leurs personnages une réalité psychologique. Le premier de ces ouvrages, *Un peu de ton sang* de Theodore Sturgeon, n'a rien de fantastique puisque le protagoniste n'est pas un mort-vivant mais un psychotique souffrant d'une obsession pour le sang qui fait de lui un criminel. Plus classique, *Salem* de Stephen King présente l'intérêt de confronter au vampire des Américains moyens très matérialistes et incrédules. *Ghost Story* de Peter Straub, histoire complexe très fortement inspirée du *Tour d'écrou* d'Henry

James, donne vie à d'étranges fantômes qui se comportent en vampires et qui harcèlent un groupe de notables. *Un vampire ordinaire* de Suzy McKee Charnas présente un personnage très attachant, Weyland, qui porte un regard désabusé sur notre humanité. L'héroïne vampire des *Prédateurs* de Whitley Strieber, Miriam, condamnée à une éternelle solitude et qui recherche en vain l'âme sœur, est elle aussi un personnage intéressant. Dans *Vampire Junction*, S.P. Somtow met en scène Timmy Valentine qui vit depuis des siècles sous l'apparence d'un garçon de onze ans et qui, à notre époque, devenu idole du rock, tombe amoureux de sa psychanalyste. *Âmes perdues* de Poppy Z. Brite fait évoluer les vampires dans un cadre inhabituel, le milieu punk de La Nouvelle-Orléans. Parmi les meilleurs romans francophones, on peut citer *Les Vampires de l'Alfama* de Pierre Kast qui dépeint, entre autres, l'impossible amour entre un vampire et une mortelle ; *La Mante au fil des jours* de Christine Renard, l'un des rares romans de vampires du XXe siècle qui entretienne l'hésitation chère à Todorov puisque l'on ne sait qui est l'énigmatique Élisabeth ; *Héloïse* d'Anne Hébert, autre histoire d'amour entre un mortel et une femme vampire rencontrée dans le métro parisien ; *Rouge flamenco* de Jeanne Faivre d'Arcier, biographie d'une danseuse vampire ; et *Ruines* d'Alain Pelosato où d'étranges vampires venus d'une autre dimension viennent s'immiscer parmi les humains.

Il est plus difficile encore d'établir un classement des nouvelles comportant des vampires car, la forme courte convenant particulièrement à ce type d'histoire, on trouve plus facilement d'excellentes nouvelles que d'excellents romans. Il y a tant de récits intéressants que, faute de place, nous ne pouvons citer que les principaux d'entre eux. Comme pour les romans, trois titres au moins, se détachent nettement de l'ensemble. Il s'agit de *La Morte amoureuse* de Théophile Gautier qui conte avec beaucoup de délicatesse les amours interdites entre l'abbé Romuald et la belle Clarimonde, de *Carmilla* qui dépeint les rapports équivoques entre la belle comtesse vampire et la jeune Laura, et d'une nouvelle moins connue de Robert Aickman, *Extraits du journal d'une adolescente* (*Pages from a Young Girl's Diary*, 1973), où une jeune fille qui devient vampire confie à son journal intime les étapes de sa métamorphose. On peut citer aussi *Car le sang est la vie* de F. Marion Crawford, histoire touchante d'une jeune villageoise devenue vampire malgré elle; *La Robe de soie blanche* (*Dress of White Silk*, 1951) de Matheson où une fillette découvre dans le grenier de ses parents une robe de soie qui fait d'elle un vampire; et *Pauvre Sonia* de Claude Seignolle, histoire pathétique d'une jeune prostituée vampire à Paris.

30 *Le thème du vampire est-il destiné à perdurer en littérature?*

Cela fait maintenant deux siècles que le vampire sévit en littérature et l'on pourrait presque dire qu'il n'a pas pris une ride. Non seulement il s'est perpétué jusqu'à nos jours, faisant preuve d'une étonnante vitalité, mais il atteint même une audience sans précédent. La littérature vampiresque, née de la poésie romantique du début du XIXe siècle qui s'adressait à une élite intellectuelle, est devenue un phénomène de masse qui touche un public de plus en plus diversifié. On propose des histoires de vampires aux enfants dès qu'ils savent lire, les adolescents en raffolent, et le public adulte est de plus en plus attiré par ce personnage. Le vampire touche un lectorat aussi disparate que celui des amateurs de science-fiction, de *fantasy*, de littérature policière ou de romans sentimentaux et il ne se cantonne plus nécessairement dans ce qu'il est convenu d'appeler la littérature populaire, ni même dans les littératures de genre que sont le fantastique, la science-fiction et la *fantasy*. Dans la littérature populaire elle-même, un personnage aussi connu et, il faut bien le dire, aussi rebattu que Dracula connaît sans cesse une nouvelle jeunesse alors que ses rivaux du début du siècle, Tarzan, Zorro, Batman ou Superman, n'inspirent plus guère les écrivains, même si, aujourd'hui encore, certains d'entre eux paraissent encore au cinéma. Ce bilan positif montre à l'évidence que le vampire se maintient en littérature contre vents et marées et qu'il semble donc avoir de beaux jours devant lui. Est-il pour autant éternel?

Pour répondre à cette question, il faut évidemment regarder en arrière : la littérature vampiresque a connu des hauts et des bas, à tel point qu'on a pu penser qu'elle allait disparaître purement et simplement. Après l'âge d'or du XIXe siècle, où le thème du vampire a séduit les auteurs les plus prestigieux tant dans le domaine de la poésie que de la prose, il y a eu une accalmie au début du XXe siècle pendant une vingtaine d'années. Grâce aux magazines américains de l'entre-deux-guerres, le thème a connu un énorme succès dans la littérature populaire. Les années de l'immédiat après-guerre ont vu une nouvelle période de repli, comme si les horreurs bien réelles de la seconde guerre mondiale avaient éclipsé dans les esprits celles de la littérature fantastique. Sous l'influence du cinéma qui l'a remis en selle au début des années 1960 et du renouveau littéraire des années 1970, le vampire a connu, au cours des deux décennies suivantes un nouvel âge d'or sur le plan qualitatif et quantitatif à la fois jusqu'à ce qu'il devienne, à partir des années 1990, le phénomène de masse que l'on connaît aujourd'hui.

Le fait qu'en ce début du XXIe siècle se soient multipliées des séries de romans standardisés qui, comme les mouchoirs jetables, sont oubliés dès que l'on ne s'en sert plus, pourrait laisser penser que toute cette littérature est vouée au déclin en dépit de son succès commercial et que, dans quelques années, elle engendrera la lassitude et disparaîtra comme les dinosaures. Pourtant rien n'est moins sûr. Les romans qui, aujourd'hui, connaissent un très grand succès sont ceux qui font contraste avec la facilité ambiante car ils témoignent d'une recherche de qualité. Certes, les quatre romans de *Twilight* de Stephenie Meyer, qui sont à l'heure actuelle les *best-sellers* du vampirisme, ne sont pas d'immortels chefs-d'œuvre et ils s'adressent surtout à un jeune lectorat, mais ils sont bien écrits, font preuve d'originalité et ils présentent des personnages attachants et psychologiquement vraisemblables. Ils sont en tout cas très supérieurs aux dizaines de romans produits chaque année à la chaîne par des écrivains mercenaires. Le fait enfin que des romans beaucoup plus ambitieux comme *Let the Right One In* de Lindqvist, *La Ville intemporelle* de Ledesma et *Lettres aux ténèbres* de Charlotte Bousquet aient été publiés en l'espace de cinq ans seulement montre que le vampire en littérature n'a pas dit son dernier mot. Il connaîtra sans doute, comme par le passé, des hauts et des bas, mais on peut d'ores et déjà affirmer qu'il a encore une très longue carrière devant lui.

III
LES VAMPIRES AU CINÉMA ET DANS LES ARTS

31 *Quand et comment le vampire a-t-il fait son apparition au cinéma ?*

Dès la mise en exploitation du cinéma, des films muets, pour la plupart des courts-métrages d'une quinzaine de minutes, ont pris le vampire pour sujet. La difficulté aujourd'hui est qu'il ne reste plus trace de ces films, tournés entre 1909 et 1916, et que l'on ne sait que peu de chose sur eux. La seule exception est le feuilleton en dix épisodes de Louis Feuillade, *Les Vampires* (1915-1916), dont les protagonistes ne sont pas des morts-vivants mais d'audacieux cambrioleurs masqués vêtus de collants noirs.

Tout le monde s'accorde à dire que l'histoire du vampire au cinéma commence avec *Nosferatu, le vampire* (*Nosferatu, Eine Symphonie des Grauens*, 1922) du réalisateur allemand Wilhelm Friedrich Murnau qui était une adaptation pirate de *Dracula*. Ce n'était pas le premier du genre. Deux films sur Dracula, disparus sans laisser de trace, ont précédé *Nosferatu*, un *Dracula* russe d'un réalisateur inconnu, tourné en 1920, et un *Drakula* hongrois de Károly Lajthay, en 1921. *Nosferatu* a bien failli disparaître à la suite d'une décision de justice. Bram Stoker étant mort en 1912, sa veuve restait propriétaire des droits d'adaptation de *Dracula*. Murnau aurait dû lui en demander l'autorisation. Au lieu de cela, afin de brouiller les pistes, il s'est contenté de changer le titre et de donner un autre nom à chacun des personnages. Malgré ces subterfuges et un certain nombre de modifications apportées à l'intrigue, on reconnaissait parfaitement la trame du roman.

Florence Stoker intenta un procès à la firme berlinoise Prana films qui avait produit *Nosferatu* et le tribunal ordonna, en 1925, la destruction de toutes les copies existantes du film. Fort heureusement, l'une d'elles échappa au massacre. Elle réapparut en Allemagne en 1930, intitulée *La Douzième Heure* (*Die zwölfte Stunde*). Le film ainsi sauvé retrouva plus tard son titre original. Si *Nosferatu* avait dû disparaître cela aurait été une très grande perte car ce film est un chef-d'œuvre du cinéma expressionniste allemand.

Quelles que soient ses qualités, ce n'est pas le film de Murnau qui a véritablement lancé le vampire au cinéma. Il a fallu attendre l'avènement du film parlant et la sortie du *Dracula* de Tod Browning, en 1931, pour que le vampire devienne un thème majeur du cinéma fantastique. Tod Browning avait déjà réalisé un film de vampires en 1927, *Londres la nuit* (*London after Midnight*), dont il ne reste plus malheureusement aujourd'hui que des images fixes. L'acteur Lon Chaney y incarne non pas un mort-vivant, mais un enquêteur, le colonel Yates, qui se fait passer pour tel afin de capturer un assassin. Tod Browning devait plus tard réaliser une version parlante de ce film, en 1935, sous le titre de *La Marque du vampire* (*Mark of the Vampire)* avec cette fois Bela Lugosi dans le rôle principal. Browning avait vu la pièce de Balderston et Deane (voir question 19) et il avait apprécié la performance de Lugosi. Désirant réaliser un film à partir de cette pièce, il acheta les droits d'adaptation du roman à Florence Stoker. Tandis que Tod Browning tournait *Dracula*, un autre réalisateur, George Melford, tournait presque simultanément une version espagnole, avec Carlos Villarias dans le rôle principal, en utilisant les mêmes décors par souci d'économie.

Le *Dracula* de Melford a été quelque peu éclipsé par le film de Browning et c'est en définitive ce dernier qui a lancé la mode du vampire à Hollywood. Bien qu'il n'ait interprété au cinéma que deux fois le personnage de Dracula, c'est Bela Lugosi qui a lancé le style qui a fait de lui l'incarnation emblématique du comte vampire jusqu'en 1958.

32 *Quels sont les différents visages de Dracula au cinéma ?*

Dans *Dracula*, Bram Stoker décrit le comte vampire comme un homme de haute taille, aux cheveux en broussailles, aux sourcils épais, au nez aquilin et à la longue moustache blanche. Or les différents acteurs qui l'ont incarné à l'écran ne ressemblent guère au modèle original.

C'est l'acteur allemand Max Shreck qui a, le premier, incarné Dracula au cinéma. Son aspect physique inquiétant n'a rien à voir avec le personnage de Stoker : il est chauve, il a de longues oreilles pointues et des incisives démesurées. Ce visage de cauchemar fait penser soit à une tête de mort, soit à un démon. Alors que le *Dracula* de Stoker donne une impression de force et de brutalité, Nosferatu est un être cauteleux, fragile et voûté. S'il inspire de la crainte et du dégoût, il est en même temps, contrairement au Dracula de Stoker, assez pitoyable car il aime éperdument Ellen et c'est cet amour qui causera sa perte. Klaus Kinski a repris le rôle avec le même maquillage dans le film de Werner Herzog, *Nosferatu, fantôme de la nuit* (*Nosferatu, Phantom der Nach*, 1979) puis, en 1988, dans un film italien *Nosferatu a Venezia* d'Augusto Carminto. Le *Nosferatu* de Herzog, film en couleurs et en cinémascope, est évidemment très différent de celui de Murnau, mais le personnage campé par Klaus Kinski, par moments très pitoyable, est assez fidèle au modèle original. Nosferatu a réapparu en 2000 dans le film d'E. Elias Merhige, *L'Ombre du vampire* (*Shadow of the Vampire*) où il est interprété par Willem Dafoe. Ce film donne une vision fantastique du tournage du *Nosferatu* de Murnau (incarné ici par John Malkovich). Max Shreck (Dafoe) ne se sépare ici jamais de son maquillage, pour la raison qu'il est lui-même un vampire. Il faut noter que ce maquillage outrancier a été réutilisé de façon caricaturale par Michel Moriarty pour représenter le vampire Barlow dans les deux films inspirés du roman de Stephen King, *Les Vampires de Salem* (*Salem's Lot*, 1979) de Tobe Hooper et *Les Enfants de Salem* (*Return to Salem's Lot*, 1987) de Larry Cohen.

Très différent est le Dracula de Tod Browning interprété par Bela Lugosi. Né en Hongrie en 1882, Bela Ferenc Blasco qui avait choisi le pseudonyme de Lugosi d'après le nom de son village natal, était sur scène un Dracula très convaincant grâce, en particulier, à son fort accent hongrois qu'il entretenait soigneusement. Les cheveux noirs plaqués, les lèvres minces, le teint pâle et les yeux brillant d'une lueur inquiétante, il ne correspondait en rien au personnage décrit par Stoker. Contrairement à Nosferatu, il n'avait ni oreilles pointues ni incisives hypertrophiées. C'est surtout par les effets de lumière que Tod Browning le rendait inquiétant. Élégant et beau parleur, toujours revêtu d'un habit de soirée et d'une longue cape noire, il allait être Dracula pour les générations à venir comme Boris Karloff était le monstre de Frankenstein. Pourtant, dans d'autres films, ce n'est pas à lui que l'on a confié le rôle mais à John Carradine. Le visage orné d'une fine moustache, John Carradine reprenait l'habit de soirée et la cape. Lugosi, quant à lui, a joué des rôles de vampires dans *La Marque du vampire* de Tod Browning (1935), *The Devil Bat* (1940) de Jean Yarbrough et *The Return of the Vampire* (1943) de Lew Landers, et ce n'est qu'en 1948 que, miné par l'alcool et la drogue, il a repris le rôle de Dracula en s'auto-parodiant dans *Deux nigauds contre Frankenstein* (*Abbott and Costello Meet Frankenstein*) de Charles T. Barton. Il a incarné pour la dernière fois un vampire dans un autre film comique, *Mon fils le vampire* (*Old Mother Riley Meets the Vampire*, 1952) de John Gilling, et dans le médiocre film de science-fiction d'Edward J. Wood, *Plan Nine from Outer Space* (1959), mais il mourut dès le début du tournage et dut être remplacé. Il fut inhumé revêtu du costume de Dracula qui avait fait sa gloire.

À l'exception d'un film turc *Drakula Istanbulda* (1953) de Mehmet Muhtar, où le rôle du comte était joué de façon caricaturale par un certain Atif Kaptan, il a fallu attendre 1958 pour que le personnage de Stoker réapparaisse sur les écrans dans un film britannique en couleur, *Le Cauchemar de Dracula* (*Horror of Dracula*) de Terence Fisher. Christopher Lee, nouvelle incarnation de Dracula, est très différent de Bela Lugosi. Il a une élégance toute britannique, s'exprime dans un anglais parfait sans le moindre accent. Avec ses cheveux en broussailles, il correspond mieux au personnage tel que l'avait conçu Stoker même si son visage est glabre. Son maquillage est assez discret si ce n'est que son sourire révèle deux longues canines et que, dans les scènes les plus dramatiques, on l'affuble de lentilles de contact donnant l'impression que ses yeux sont injectés de sang. Alors que Lugosi avait un physique inquiétant et un sourire malsain, Christopher Lee joue plutôt la carte de la séduction. C'est un Don Juan qui pénètre la nuit dans la chambre de jeunes femmes extasiées, revêtues de chemises de nuit diaphanes. Terence Fisher a donné à son film une tonalité résolument érotique. Son Dracula s'oppose à un Van Helsing incarné par Peter Cushing. Christopher Lee et Peter Cushing seront d'inséparables partenaires dans un très grand nombre de films fantastiques. Du fait du succès du *Cauchemar de Dracula*, Christopher Lee a joué le rôle du comte dans six autres films produits par la firme Hammer jusqu'en 1973. On le retrouve aussi en Dracula dans *Les Nuits de Dracula* (*El Conde Dracula*, 1970) de Jesus Franco, où il porte exceptionnellement la moustache blanche décrite dans le roman. Il aura de nouveau cette moustache, mais cette fois pour interpréter Vlad Ţepeş, dans un documentaire de Calvin Floyd, *À la Recherche de Dracula* (*In Search of Dracula*, 1971). Las de ce rôle auquel il semblait éternellement voué, Christopher Lee l'a joué pour la dernière fois dans *Dracula, père et fils* (1974), parodie d'Édouard Molinaro tiré du roman de Claude Klotz, *Paris Vampire*. Comme Bela Lugosi, Christopher Lee a imposé sa manière d'interpréter Dracula et il a lui aussi suscité bien des imitations. Parmi les acteurs qui se sont inspirés de lui, on peut citer le Mexicain Germán Robles, qui a joué le rôle de Dracula dans *El Ataud del vampiro* (1958) de Fernando Mendez, et l'Espagnol Paul Naschy qui incarne le comte dans *El Gran Amor del Conde Drácula* (1972) de Javier Aguirre. Des acteurs comme Jack Palance et Peter Cushing ont eux aussi imité Christopher Lee. D'autres acteurs ont préféré imiter Bela Lugosi comme David Niven et Udo Kier.

Avec la diffusion d'un téléfilm anglais de Philip Saville, *Count Dracula* (1978), avec le Français Louis Jourdan dans le rôle-titre, s'opère une petite révolution dans la représentation de Dracula. Alors que celui-ci était plutôt jusque-là un homme d'âge mur, Louis Jourdan campe un Dracula très jeune et très séduisant. Cette conception réapparaît l'année suivante dans le *Dracula* de John Badham, où le comte, personnage romantique incarné par Frank Langella, est un irrésistible séducteur.

Pendant les années 1980, les films où paraît Dracula ne sont pas d'un très grand intérêt. Le personnage de Stoker est voué à la parodie comme dans *Les Charlots contre Dracula* (1980) de

Pierre Désagnat ou aux productions de série B. Ce n'est qu'en 1992 qu'il fait un retour spectaculaire avec le *Dracula* (*Bram Stoker's Dracula*) de Francis Ford Coppola. Dans ce film, le personnage du comte, joué par le même acteur, Gary Oldman, a des visages très divers, très différents de ceux que le cinéma avait offerts jusqu'ici. Dracula apparaît au début comme un étrange vieillard efféminé, aux vêtements chatoyants, dont la tête arbore un énorme chignon. Dans la seconde partie, arrivé à Londres, il est devenu un jeune dandy aux cheveux foncés dont le visage s'orne d'une moustache et d'une petite barbe. Plus tard, de retour en Transylvanie, on retrouve le vieillard, extrêmement ridé mais avec cette fois des cheveux tombant sur les épaules. Au moment où, frappé par le poignard de Quincey Morris, il va expirer, il devient un monstre au visage bestial, mais le baiser de Mina lui rend dans la mort le visage juvénile du jeune homme rencontré à Londres. Il faut saluer ici la performance de l'acteur, Gary Oldman, qui était alors peu connu mais qui, en un seul film, a supplanté ses deux illustres prédécesseurs, Bela Lugosi et Christopher Lee. Contrairement à eux, Gary Oldman n'a tourné aucun autre film de vampire. Mel Brooks a pastiché le *Dracula* de Coppola dans un film poussif et décevant, *Dracula mort et heureux de l'être* (1995).

Dracula continue d'être présent sur les écrans. Il a réapparu notamment dans *Dracula 2001* de Patrick Lussier et dans *Van Helsing* (2004) de Stephen Sommers. Le meilleur film de ces dernières années, peu connu en France, est *Dracula : Pages tirées du journal d'une vierge* (*Dracula : Pages from a Virgin's Diary*, 2002) du Canadien Guy Maddin, qui excelle non pas tant par l'interprétation du rôle principal, confié pour une fois à un acteur chinois, Wei-Qiang Zhang, que par la beauté des images et de la chorégraphie puisqu'il s'agit d'un ballet. Compte tenu de la vogue actuelle pour les vampires, il ne serait pas étonnant que Dracula reprenne du service au cinéma et nous réserve encore quelques surprises.

33 *Quels sont les rapports entre la littérature vampiresque et le cinéma ?*

Le cas de *Dracula* montre que le cinéma peut jouer un rôle déterminant pour faire connaître un roman et lui apporter une postérité qu'il n'aurait peut-être pas eue. Du vivant de Stoker, le roman a eu un incontestable succès en Grande-Bretagne, mais il ne serait peut-être pas devenu le *best-seller* mondial sans cesse réédité si Tod Browning ne l'avait pas mis à la mode, en 1931, et si le cinéma n'avait cessé d'en produire des adaptations. Aujourd'hui des millions de personnes connaissent le nom de Dracula surtout parce qu'ils ont vu des films sur lui ou qu'ils en ont entendu parler. On constate par ailleurs que ce nom a éclipsé celui de son créateur. Ce n'est pas un hasard si Daniel Farson a intitulé la biographie de Stoker *The Man Who Wrote Dracula*. Le cinéma ne joue pas nécessairement un rôle concurrentiel à l'égard de la littérature car il arrive souvent que l'on ait envie de lire tel ou tel roman parce que l'on a vu le film dont il était adapté. Par ailleurs, dans la civilisation de l'image dans laquelle nous vivons, le cinéma est un extraordinaire instrument pour faire naître des modes et propager des idées. Dans le cas du vampire, il y a eu, depuis le début du XXe siècle, une constante interaction entre la littérature et le cinéma.

On constate que le vampire est populaire dans la littérature dans les périodes suivant la sortie d'un film majeur. En 1931, le *Dracula* de Tod Browning a joué un rôle déterminant pour populariser l'image du vampire et les dizaines de nouvelles publiées dans les *pulps* en ont subi l'influence. Sur les couvertures et dans les illustrations intérieures de *Weird Tales*, par exemple, les vampires ont toujours les cheveux plaqués comme Lugosi et ils portent invariablement la tenue de soirée et la cape. Après la seconde guerre mondiale, le personnage du vampire ayant cessé de plaire, sans doute parce que le thème était rebattu, les films qui sortent alors sont, la plupart du temps, parodiques. La littérature s'en ressent. C'est sans nul doute grâce au *Cauchemar de Dracula* de Terence Fisher que les vampires ont connu une nouvelle notoriété et inspiré une abondante littérature. À cette époque paraissent les premières « novélisations », ces romans écrits à partir du scénario d'un film. Il y a donc là une double interaction entre la littérature et le cinéma : on fait une adaptation cinématographique plus ou moins fidèle d'un roman ou d'une nouvelle et, après la sortie du film, on publie un roman tiré cette fois du scénario. Les films sur Dracula ou son *alter ego* Nosferatu ont ainsi donné naissance à divers romans. On peut citer par exemple *Nosferatu the Vampire* (1979) de Paul Monette d'après le film de Werner Herzog produit la même année. D'autres œuvres ont subi le même sort, comme *Carmilla*, dont les films ont été « novélisés », comme *Et mourir de plaisir* (1960) de Vadim, qui a inspiré la même année *Blood and Roses* de Robin Carlisle. Après l'âge d'or des années 1970 et 1980, le vampire risquait de nouveau de connaître une éclipse parce qu'on l'avait trop vu, or le *Dracula* de Coppola, en 1992, lui a redonné une vie nouvelle et au cours des années qui ont suivi la sortie du film, toutes sortes de romans et de recueils de nouvelles consacrés au personnage ont paru. Au XXIe siècle, le dernier film de vampires qui a joué ainsi un rôle moteur pour la littérature a été le *Van Helsing* (2004) de Stephen Sommers qui a immédiatement inspiré des romans et des nouvelles aux États-Unis et en France. Aujourd'hui, surtout aux États-Unis, lorsqu'un roman connaît un grand succès, il est très rapidement porté à l'écran. C'est ainsi que *Let the Right One In* de Lindqvist a été adapté sous le même titre (il a été distribué en France sous le titre de *Morse*) par Thomas Alfredson, en 2008, et que le premier tome de la tétralogie de Stephenie Meyer, publié en 2006, a été adapté à l'écran par Catherine Hardwicke en 2008, sous le titre de *Twilight 1*. Il est tout à fait probable que ces films susciteront à leur tour l'apparition d'autres films et d'autres romans du même genre. On assiste donc là à un phénomène inverse de ce que nous avons décrit précédemment puisque, dans ce cas, c'est la littérature qui nourrit le cinéma.

L'osmose qui s'est faite entre la littérature et le cinéma est telle qu'il est parfois difficile de déterminer si tel ou tel roman est une œuvre originale ou l'adaptation d'un scénario de film, ou si, au contraire, tel ou tel film est tiré d'un roman. Pour prendre quelques exemples, le film de Tony Scott, *Les Prédateurs* (1984), est tiré du roman éponyme de Whitley Strieber publié en 1982 et *Les Ailes de la nuit* (*The Night Flier*, 1997) de Mark Pavia est l'adaptation d'une nouvelle de Stephen King, publiée en 1989 et traduite en français sous le titre de *L'Oiseau de nuit*. En revanche, le roman de Craig Shaw Gardner, *Génération perdue* (*The Lost Boys*, 1987), provient du film éponyme de Joel Schumacher et *Martin* (1977), de George Romero et Susan Sparrow, est une adaptation du film de George Romero produit l'année précédente. Comme on peut en juger, les liens entre littérature et cinéma sont très étroits et ils sont appelés à l'être de plus en plus.

34 *La télévision a-t-elle une spécificité par rapport aux vampires ?*

La télévision joue un rôle important de rediffusion des films, ce qui la fait souvent apparaître comme un simple outil au service du cinéma, mais les sociétés de production qui travaillent pour les chaînes de télévision réalisent aussi leurs propres longs métrages. Il est parfois difficile d'établir une réelle différence entre les films proprement dits, destinés à être distribués en salles, et les téléfilms. En ce qui concerne le thème du vampire, certains téléfilms, réalisés avec des budgets substantiels et réunissant des acteurs connus, n'ont rien à envier à leurs équivalents destinés au grand écran. La spécificité de la télévision, en revanche, est de réaliser des courts ou des moyens métrages et surtout de diffuser des séries.

Quand il s'est agi d'adapter pour l'écran des histoires de vampires, les réalisateurs se sont avant tout intéressés aux romans. Pour construire un film d'une durée d'une heure et demie, il faut en effet disposer d'une intrigue suffisamment longue. Très rares sont les nouvelles qui ont donné naissance à des longs métrages comme par exemple *L'Oiseau de nuit* de Stephen King. La télévision, en revanche, a toute latitude pour produire et intégrer dans ses programmes des courts-métrages dont le format convient parfaitement à celui de la nouvelle. C'est ainsi qu'un certain nombre d'histoires courtes de vampires ont pu être mises en images, parmi lesquelles quelques classiques du genre. *Carmilla* a ainsi inspiré plusieurs téléfilms de qualité comme *Le Cœur pétrifié : Carmilla* de Paul Planchon (France, 1987). Quelques-unes des meilleures histoires de vampires de Richard Matheson, par exemple, ont été adaptées pour la télévision. Alors que le cinéma a pratiquement ignoré le thème du vampire psychique, à vrai dire peu spectaculaire, la télévision s'y est intéressée, notamment dans le court-métrage *The Girl with Hungry Eyes* (États-Unis, 1972), de John Badham, d'après la nouvelle de Fritz Leiber. Il y a aussi des courts-métrages télévisés réalisés à partir d'un scénario original et l'on trouve ainsi quelques films intéressants comme *Elegy for a Vampire* de Don McDougall (États-Unis, 1972).

Les séries télévisées sont à l'art cinématographique ce qu'étaient les feuilletons à la littérature du XIXe siècle. En utilisant le même cadre, le même type d'intrigue et les mêmes personnages, on peut élaborer soit des épisodes qui se suivent et qui donnent au téléspectateur l'envie de voir l'épisode suivant, soit des histoires autonomes qui peuvent être vues séparément sans que cela nuise à la compréhension de l'ensemble. Aux États-Unis où ce procédé a été introduit très tôt, certaines séries fantastiques ou policières sont devenues très populaires comme *La Quatrième Dimension* (*The Twilight Zone*), *Les Contes de la crypte* (*Tales from the Crypt*) ou encore *Des agents très spéciaux* (*The Man from U.N.C.L.E.*). Certains épisodes de ces séries sont devenus des classiques comme *The Vampire Affair* d'Alf Kjellin (États-Unis, 1965).

Ce sont les séries consacrées entièrement aux vampires qui ont le plus contribué à les populariser tant au cinéma que dans la littérature. *Dark Shadows* (Dan Curtis, États-Unis, 1970-1971) où le rôle du sympathique vampire est joué par Jonathan Frid, puis par Ben Cross dans neuf autres épisodes diffusés en 1990, a joué un rôle prépondérant pour la littérature de l'époque, car, outre le fait qu'une trentaine de romans sous la signature de Marilyn Ross en ont été tirés, le personnage principal, vampire romantique, plus victime que bourreau, a beaucoup fait pour modifier l'image des morts-vivants. *Buffy*, la série télévisée qui a succédé à *Dark Shadows*, a eu pour point de départ un long métrage assez médiocre de Fran Rubel Kuzui, *Buffy, tueuse de vampires* (*Buffy the Vampire Slayer*, 1992), dont l'héroïne, incarnée par Kristy Swanson, était une jeune lycéenne qui avait le pouvoir de reconnaître les vampires afin de les exterminer. Les droits d'adaptation pour la télévision furent achetés et, en 1997, commença l'une des plus longues séries de l'histoire de la télévision, avec cette fois Sarah Michelle Gellar dans le rôle-titre. Tous les épisodes de la série ont donné naissance à des romans tirés à des centaines de milliers d'exemplaires et traduits dans de nombreuses langues. Buffy a contribué à populariser les histoires de vampires auprès d'un public d'adolescents qui se reconnaissaient dans l'héroïne. Aujourd'hui, la série *True Blood* inspirée des romans de Charlaine Harris, dont l'héroïne est une certaine Sookie Stockhouse, est diffusée dans le monde entier. Ce dernier exemple, comme les précédents, montre les liens étroits qui existent entre la télévision et la littérature populaire.

35 *Les films de vampires sont-ils fidèles aux romans et nouvelles dont ils sont adaptés ?*

L'adaptation au cinéma d'un texte écrit n'est pas chose aisée car il faut convertir des mots, des phrases et des concepts en images et en sons. Dans la conception selon laquelle le fantastique est avant tout l'art du non-dit et de l'hésitation, l'adaptation d'un récit fantastique à l'écran peut apparaître comme une gageure. Lorsque le texte, par exemple, suggère la présence de fantômes qui ne sont vus que par un seul protagoniste – comme l'institutrice dans *Le Tour d'écrou* d'Henry James –, le cinéma ne peut faire autrement que de montrer les fantômes en question, ce qui leur donne une existence objective. Par ailleurs, certains concepts suggérés en quelques phrases dans un texte passent moins bien lorsque l'on veut les exprimer en images. Il en résulte que le film tiré d'un roman simplifie souvent l'intrigue afin que celle-ci soit intelligible au spectateur, car s'il est possible de revenir en arrière quand on lit un livre, il est impossible d'en faire autant dans une salle de cinéma. Le scénariste doit donc nécessairement adapter le texte d'un roman en fonction des impératifs du tournage et de l'économie du film. Les adaptations cinématographiques de romans, quel que soit le désir du réalisateur de coller au texte, sont nécessairement de belles infidèles. Le problème est de savoir jusqu'où peut aller l'infidélité.

Il peut arriver qu'un film n'ait absolument aucun rapport avec le texte écrit dont il est censé s'inspirer. Le générique du film du Danois Carl Theodor Dreyer, *Vampyr ou L'Étrange aventure de David Gray* (1932) indique que le film est tiré d'un livre de Joseph Sheridan Le Fanu, *In a Glass Darkly*, or cet ouvrage est un recueil de nouvelles où la seule histoire de vampire, *Carmilla*, n'a rien à voir le film. On peut faire la même remarque à propos de *La Fille de Dracula* (*Dracula's Daughter*, 1936) de Lambert Hillyer qui est censé être une adaptation de *L'Invité de Dracula* de Stoker. Dans le générique du *Masque du démon* (*La Maschera del demonio*, 1960) de Mario Bava, il est dit que le film est inspiré de *Vij* de Gogol. Là encore il n'y a aucun rapport entre les deux. On a l'impression que les producteurs de ces films ont tenu à leur donner une sorte de caution littéraire. Il est vrai que ce sont là des exemples extrêmes. Si les adaptations cinématographiques ne sont pas vraiment fidèles aux textes, elles en respectent néanmoins la trame.

Le roman de Stoker a connu des fortunes très diverses au cinéma. La première adaptation, celle de Murnau, modifie sensiblement l'histoire. Outre le fait que le réalisateur a dû changer les noms des personnages afin d'éviter les poursuites et que l'aspect physique du protagoniste ne correspond en rien à la description donnée dans le roman, l'intrigue de *Nosferatu* s'écarte sensiblement de celle de *Dracula*. Pour éliminer le vampire, la femme de Hutter (Harker dans le roman) se sacrifie et, au moment où elle expire, Orlock (Dracula) qui n'a pas vu arriver l'aube est foudroyé par les rayons du soleil. Dans son *Nosferatu*, Herzog a lui aussi introduit des modifications qui changent le dénouement. Après l'élimination du vampire, c'est Harker, devenu vampire, qui répand la peste. Dans les deux versions de *Dracula* que proposent Tod Browning et Terence Fisher, l'épisode du *Demeter* disparaît et le vampire n'est pas éliminé par Quincey Morris qui n'apparaît dans aucun de ces deux films. Dans *Le Cauchemar de Dracula*, Harker, devenu vampire, doit être exécuté par Van Helsing. L'adaptation la plus fantaisiste du roman de Stoker est sans doute le *Dracula* de John Badham où le vampire tue Van Helsing et meurt carbonisé par les rayons du soleil. Les cinéastes modifient le rôle de certains personnages quand ils ne les oublient pas totalement. Renfield n'apparaît pas dans le film de Fisher et, dans les deux *Nosferatu*, il est l'employeur de Harker. Van Helsing qui, dans le roman, est un personnage capital menant la lutte contre

Dracula, joue un rôle tout à fait secondaire dans les deux *Nosferatu*. Dans *Le Cauchemar de Dracula* et le *Nosferatu* de Herzog, les rôles de Lucy et de Mina sont inversés, la première étant la fiancée de Harker. On pourrait ainsi multiplier les exemples concernant les libertés prises par les scénaristes vis-à-vis du roman. Le cas du *Dracula* de Coppola est plus complexe car le réalisateur reprend tous les éléments de l'intrigue du roman dans leur ordre chronologique. Comme pour témoigner de sa volonté d'être fidèle à son modèle, Coppola a choisi le titre de *Bram Stoker's Dracula*, apportant ainsi une sorte de garant d'authenticité. Contrairement à ses prédécesseurs, Coppola n'omet aucun des personnages principaux : Renfield et Quincey Morris sont présents et ils jouent le rôle que Stoker leur avait assigné. Pourtant, Coppola greffe sur l'intrigue du roman une histoire d'amour que Stoker n'avait pas imaginée : Dracula devient un amant chevaleresque et l'amour que lui porte Mina le sauvera *in extremis* de la damnation. Au moment de mourir, c'est un Dracula apaisé, transfiguré par l'amour qui peut enfin quitter cette terre. Ce dénouement est aux antipodes de celui du roman où l'élimination du vampire par le vertueux Quincey Morris apparaît comme la victoire du bien sur le mal. Si l'on cherche absolument des films qui soient fidèles en tout point au roman de Stoker, on trouve des œuvres moins connues comme *Les Nuits de Dracula*, de Jesus Franco, qui ne soutient pas la comparaison avec le film de Coppola, ou d'honnêtes téléfilms comme *Dracula et ses femmes vampires* de Dan Curtis (1973) ou *Count Dracula* de Philip Saville : la fidélité à un texte n'est pas nécessairement un gage de qualité.

Les adaptations cinématographiques de romans et de nouvelles peuvent être excellentes ou désastreuses, indépendamment de leur fidélité au texte d'origine. Si les *Nosferatu* de Murnau et de Herzog et les *Dracula* de Tod Browning, John Badham et Coppola, sont infidèles au roman de Stoker, cela ne nuit en rien à leur qualité esthétique et dramatique. Parmi les adaptations les plus réussies de romans, certains films égalent ou même surpassent leur modèle. *Les Prédateurs* de Tony Scott est un très beau film qui, à bien des égards, surpasse le roman de Whitley Strieber, même si l'on regrette que, dans le dénouement trop moralisateur, Miriam meure pour expier ses crimes, alors que dans le roman elle reste en vie. Le film de Neil Jordan, *Entretien avec un vampire* (1994) tiré du roman d'Anne Rice, est une totale réussite tant sur le plan de la fidélité au roman que de la beauté des images et de la qualité du scénario. Anne Rice a eu beaucoup moins de chance avec *La Reine des damnés* (2002) de Michael Rymer qui est un complet fiasco, en dépit d'un très gros budget. La mort accidentelle avant la fin du tournage de l'actrice principale, la chanteuse Aaliyah, dont la façon de jouer est assez caricaturale, n'a rien fait pour arranger les choses. Le film n'offre qu'une version tronquée du roman que les images et la musique ne parviennent pas à sauver. *Vampires* (1998), de John Carpenter, est un très bon film qui surpasse le roman de John Steakley dont il est tiré. Au XXIe siècle, il faut signaler enfin deux excellentes adaptations : *Trente jours de nuits* (2007) de David Slade, à partir, non pas d'un roman, mais d'une bande dessinée et *Morse* (2008) à partir de *Let the Right One In*. D'une façon générale, les adaptations de nouvelles et de romans au cinéma sont assez satisfaisantes même si elles ne font pas oublier le texte initial. *Carmilla* a inspiré plusieurs longs métrages comme *Et mourir de plaisir* de Roger Vadim et *The Vampire Lovers* (1970) de Roy Ward Baker, qui sont très éloignés du texte de Le Fanu mais qui sont bien réalisés. C'est le cas aussi d'autres films tirés de romans comme *La Forteresse noire* de Michael Mann, *Life Force* de Tobe Hooper ou *Les Morsures de l'aube* (2000) d'Antoine de Caunes. Certaines adaptations enfin sont pour le moins désastreuses. Aucun des trois films inspirés par *Je suis une légende* de Matheson ne rend vraiment justice au roman. Le moins infidèle des trois, *The Last Man on Earth* (1964) de Sidney Salkow avec Vincent Price, est plutôt médiocre. En revanche, *Le Survivant* (*The Omega Man*, 1971) de Boris Sagal avec Charlton Heston et *Je suis une légende* (*I Am Legend*, 2007) de Francis Lawrence avec Will Smith sont d'un meilleur niveau mais ils trahissent l'un et l'autre l'esprit du roman. *Incense for the Damned* (1970) de Robert Harford-Davis, adapté de *Doctors Wear Scarlet* de Simon Raven, est un film violent, érotique, qui ne correspond absolument pas à ce qu'exprimait le texte initial. Enfin *Salem*, de Stephen King, méritait mieux que la médiocre adaptation qu'en a faite Tobe Hooper. Ce qui rendait la lecture du roman fascinante, c'est que le vampire Barlow y était omniprésent mais on ne le voyait que rarement alors que, dans le film, on le voit sans cesse et il est affublé en outre d'un maquillage parfaitement ridicule.

36 *Quels sont les films de vampires les plus réussis ?*

Depuis que le cinéma existe, des centaines de films de vampires ont été tournés. Comme dans le cas de la littérature populaire, ils n'ont pour la plupart aucune visée esthétique particulière et ils ne présentent guère d'intérêt pour les cinéphiles. En revanche quelques œuvres particulièrement réussies méritent un tout autre jugement.

Il y a eu notamment d'excellentes adaptations de *Dracula*. Le *Nosferatu* de Murnau est sans doute le meilleur film de vampire jamais réalisé. Bien qu'il ait aujourd'hui vieilli, comme tous les films muets de l'époque, à cause du jeu outrancier des acteurs et du rythme sautillant des images, il conserve tout son pouvoir de fascination. Lorsque Hutter franchit le pont qui l'amène sur le territoire du comte Orlock, le spectateur entre dans un monde de cauchemar et le visage grimaçant de Nosferatu réveille en lui les peurs de la petite enfance. Il y a dans le film certaines scènes d'une très grande beauté, comme la séquence du navire où la silhouette de Nosferatu se détache sur un fond de voiles ou encore le moment où le vampire pénètre dans la chambre d'Ellen. La scène de la mort de Nosferatu, où l'on voit le vampire à contre-jour, est extraordinaire tant sur le plan esthétique que dramatique. Werner Herzog, dans la nouvelle version, joue quant à lui sur d'autres registres, comme celui des couleurs qui mettent en valeur le teint blafard du vampire et donnent au film une atmosphère très glauque. Quelques passages sont mémorables, comme le festin sur la grande place de la ville où la peste est symbolisée par une multitude de rats blancs. Parmi les *Dracula*, celui de Tod Browning, en noir et blanc, a de très beaux effets visuels par les jeux de lumières et le décor gothique des escaliers interminables et d'énormes toiles d'araignée. Tod Browning a repris tous ces effets dans *La Marque du vampire* qui est peut-être son meilleur film et qui privilégie la beauté des images. Parmi les films en couleurs, *Le Cauchemar de Dracula* de Terence Fisher est, certes, intéressant mais il n'atteint pas le niveau esthétique des films de Tod Browning. Dans son *Dracula* de 1979, John Badham se distingue de ses prédécesseurs par une utilisation savante des couleurs et une recherche esthétique dans la composition des images. Le délire psychédélique qui accompagne les scènes d'amour entre Dracula et Mina, ainsi que la séquence finale où le vampire est hissé en haut du mât d'un bateau, sont des morceaux d'anthologie. À propos du *Dracula* de Coppola, on peut parler de chef-d'œuvre car il y a une recherche esthétique évidente dans les décors, les costumes et même le maquillage des acteurs. Gary Oldman campe un extraordinaire Dracula, totalement différent de tous ceux qui l'ont précédé et Anthony Hopkins est un Van Helsing inquiétant. Le film fourmille par ailleurs d'allusions à des films connus, notamment La *Belle et la Bête* de Cocteau qui a inspiré quelques séquences. Un autre chef-d'œuvre, malheureusement passé presque inaperçu, est le *Dracula* de Guy Maddin, film en noir et blanc conçu comme un ballet, avec des touches de couleur rouge pour souligner les lèvres des vampires et le sang qui coule. Les images sont d'une grande beauté et l'intrigue se déroule dans une atmosphère onirique.

En dehors des films inspirés par Dracula, il y a quelques œuvres particulièrement réussies. *Vampyr* (1932) de Dreyer, comme *Nosferatu*, mérite le nom de chef-d'œuvre, même s'il est loin d'avoir la même notoriété. Les images du film légèrement surexposées donnent une impression d'irréalité et l'ensemble de l'histoire a une forte tonalité onirique. Certaines séquences sont saisissantes comme celle du convoi funèbre où la caméra subjective nous fait voir la scène à travers les yeux du défunt. Après la guerre paraît un autre chef-d'œuvre, l'excellent *Masque du démon* (1960) de Mario Bava avec Barbara Steele, film en noir et blanc dont les images sont particulièrement soignées et très poétiques. La même année, Vadim réalise l'un de ses meilleurs films, *Et mourir de plaisir*, dont le scénario très original s'inspire de façon lointaine de *Carmilla*. Le réalisateur a apporté un soin particulier aux images dont certaines sont d'une grande beauté. *Les Lèvres rouges* (1971) de Harry Kümel, avec Delphine Seyrig dans le rôle de la comtesse Báthory, est un film très subtil où le vampirisme est traité en demi-teinte. Dans les années 1980, on compte trois bons films de vampires : *Les Prédateurs* de Tony Scott, *Génération perdue* de Joel Schumacher et *Aux frontières de l'aube* (*Near Dark*) de Kathryn Bigelow. *Les Prédateurs*, film à la fois très violent et très poétique dont la bande sonore mêle les accents syncopés du *heavy metal* et la musique de Schubert et de Delibes et dont la photographie très réussie, en clair-obscur dans les scènes d'intérieur, rappelle les œuvres de David Hamilton ; David Bowie et Catherine Deneuve y forment un couple de vampires inoubliable. *Génération perdue* est un film très original dont les protagonistes sont des motards vampires dans le style des *Hell's Angels* qui sèment la terreur dans une petite ville. *Aux frontières de l'aube*, enfin, décrit une étrange famille de vampires vivant dans un camping-car. La réalisatrice a particulièrement recherché la beauté des images et certains effets spéciaux, comme la combustion immédiate des vampires quand ils sont exposés au soleil, sont surprenants. Le film de Neil Jordan, *Entretien avec un vampire*, est une réussite tant par l'interprétation de Tom Cruise et de Brad Pitt que par la beauté des décors. L'incendie de La Nouvelle-Orléans et la représentation au Théâtre des vampires à Paris sont des grands moments du cinéma. En 1995, on assiste au retour du noir et blanc avec deux films admirables, malheureusement diffusés de façon confidentielle, *The Addiction* d'Abel Ferrara et *Nadja* de Michael Almereyda où le vampirisme est assimilé à l'addiction aux drogues dures. Un autre excellent film, lui aussi passé inaperçu, est *La Sagesse des crocodiles* (1988) de Po-Chih Leong, où Jude Law incarne un vampire londonien tourmenté par le remords et amoureux de surcroît de l'une de ses victimes. Ce personnage touchant, qui pleure des larmes de sang, se distingue des vampires traditionnels. Les films les plus spectaculaires de la fin du XXe siècle et du début du XXIe sont : *Vampires* de John Carpenter, qui comporte quelques séquences inoubliables comme celle où les vampires surgissent verticalement du sol ; *Underworld* (2003) de Len Wiseman, histoire d'un amour impossible à la manière de *Roméo et Juliette*, mais où les Montague et les Capulet sont des vampires et des loups-garous ; *Trente jours de nuits* de David Slade dont l'intrigue se déroule dans une petite ville de l'Alaska où l'hiver dure trente jours, ce qui permet à d'étranges vampires de massacrer méthodiquement toute la population ; et *Morse* de Thomas Alfredson, dont l'intérêt réside non seulement dans les superbes décors naturels de la Suède sous la neige, mais aussi et surtout dans le personnage de cette fillette vampire qui est à la fois un redoutable prédateur et un être sensible à la recherche de l'âme sœur.

Dans le registre de la comédie, il faut, bien sûr, rendre hommage au chef-d'œuvre de Polanski, *Le Bal des Vampires* (*Dance of the Vampires*, 1967), dont l'humour est délicieux et qui comporte des scènes exceptionnelles, comme celle où la foule des vampires danse devant un immense miroir dans lequel seuls les trois humains restés vivants se reflètent. Le comique est un art difficile à manier et, dans ce domaine, le cinéma a souvent produit ce qu'il y avait de pire, mais il y a quelques bons films qui, heureusement, rachètent l'ensemble. *Dracula, père et fils* d'Édouard Molinaro, où le comte se retrouve affublé d'un fils (Bernard Menez) qui n'est pas doué pour le vampirisme, fait partie de ceux-là. Christopher Lee qui y joue les pince-sans-rire est, comme d'habitude, excellent. Dans l'amusant *Vampire de ces dames* de Stan Dragoti, Dracula, interprété cette fois par George Hamilton, se retrouve à New York, ce qui provoque toutes sortes de quiproquo. Dans un tout autre esprit, le film de Robert Rodriguez, *Une nuit en enfer* (*From Dusk till Dawn*, 1996), frise le chef-d'œuvre. Cette histoire cocasse de deux tueurs en série incarnés par George Clooney et Quentin Tarentino qui, après avoir pris en otage un pasteur et sa famille, se retrouvent dans une auberge infestée de vampires, est menée sur un rythme haletant et presque surréaliste.

37 *Comment le cinéma utilise-t-il le personnage du vampire ?*

Les premiers films de vampires étaient avant tout destinés à provoquer la terreur. Dans les films muets, où les sentiments des personnages s'exprimaient essentiellement par les mimiques du visage afin de suppléer l'absence de paroles, l'apparence physique du vampire avait une importance capitale. Il avait un masque hideux et grimaçant comme celui de Max Shreck dans *Nosferatu* et celui de Lon Chaney dans *Londres, la nuit*. Ce genre de maquillage, qui aujourd'hui paraît plus grotesque qu'effrayant, n'est plus guère utilisé dans le cinéma contemporain, mis à part quelques exceptions comme dans *Vampires, vous avez dit vampires ?* (*Fright Night*, 1985) de Tom Holland et dans *Trente jours de nuit* de David Slade, où les prédateurs révèlent leur vraie nature en arborant d'énormes mâchoires pourvues de crocs pointus. Dans les films parlants de l'entre-deux-guerres, l'hypertrophie dentaire disparaît. Les vampires n'ont plus rien qui les distingue des individus normaux et le seul effet de terreur est provoqué par leur regard hypnotique. Dans les années 1960, le cinéma en couleurs réintroduit les particularités physiques du vampire comme les canines pointues et les yeux injectés de sang, mais ces attributs n'apparaissent qu'au moment où le prédateur attaque sa victime. En dehors de ces moments critiques, les vampires sont des humains tout à fait normaux, ce qui souligne la dualité de leur personnalité à la fois humaine et animale. Dans les films de la Hammer, Christopher Lee est un homme élégant au langage raffiné, qui, à certains moments, se mue en une véritable bête sauvage. Cette conception est encore largement utilisée dans le cinéma contemporain. À partir des années 1980, il y a une volonté de la part des réalisateurs d'humaniser le vampire. Pour que le spectateur puisse s'identifier au moins partiellement au vampire, on fait disparaître ses particularités monstrueuses. Par exemple, Miriam dans *Les Prédateurs* et le héros de *Martin* de George Romero utilisent des instruments pointus, voire des seringues pour pomper le sang de leurs victimes. Le croc et la morsure symbolisent l'animalité tandis que la seringue, instrument créé par l'*homo sapiens*, est emblématique du monde civilisé. La jeune héroïne vampire d'*Aux frontières de l'aube* aide le jeune homme qu'elle aime et qui a été contaminé par une morsure à redevenir humain. Dans *La Sagesse des crocodiles*, le protagoniste est enveloppé d'un voile de mystère mais il n'a rien de surnaturel et si, à la fin, il pleure des larmes de sang, il n'a en revanche pas de crocs, ne dort pas dans un cercueil et vit normalement le jour comme la nuit. On pourrait penser *a priori* que c'est un simple psychopathe si les dernières minutes du film ne nous montraient sa douloureuse agonie après que, par amour, il a renoncé à immoler sa dernière victime. Le terrible prédateur du début devient alors un personnage pitoyable.

Comme la littérature, le cinéma a progressivement rendu le vampire moins antipathique. Alors que les films du début du XXe siècle étaient naïvement manichéens – le vampire était le méchant de l'histoire et il recevait à la fin le châtiment qu'il méritait –, le cinéma des années 1980 en a donné une image plus nuancée. Dans le film de Badham, Dracula tombe amoureux mais il doit faire face à une société qui le condamne par avance. Dans le film de Coppola, l'affreux vieillard pervers que l'on voit au début devient un séduisant jeune homme transformé par l'amour. C'est encore l'amour qui rachète le protagoniste de *La Sagesse des crocodiles*. Cette réhabilitation du vampire trouve sa quintessence dans *Twilight 1*, de Catherine Hardwicke, où le jeune protagoniste vampire est non seulement beau et séduisant, mais également inoffensif puisqu'il a renoncé à se nourrir de sang humain. Il est donc parfaitement digne d'être aimé. La longue évolution du vampire au cinéma est en même temps un retour aux sources littéraires car le personnage, débarrassé de l'aura maléfique qui l'entourait, redevient un héros romantique.

38 *Le vampire a-t-il toujours eu le même impact au cinéma ?*

Comme nous l'avons vu, le vampire, en un siècle de cinéma, a profondément évolué et il ne s'adresse plus aujourd'hui tout à fait au même public qu'à ses débuts. Il a connu par ailleurs des périodes plus ou moins fastes en fonction des modes et de l'évolution du goût des spectateurs.

Alors que des films comme *Nosferatu* de Murnau et *Vampyr* de Dreyer s'adressaient à un public restreint de cinéphiles avertis, ce qui explique sans doute qu'ils n'ont pas connu un très grand succès au moment où ils ont paru, le cinéma hollywoodien de la première moitié du XXe siècle vise un public de masse. Il faut conquérir un large public amateur de sensations fortes. Lorsqu'un film particulier connaît un grand succès au *box-office*, il faut exploiter le filon et lui donner des suites. C'est ainsi que les personnages du monstre de Frankenstein et de Dracula ont été maintes fois réutilisés et sont devenus très populaires. On a donné des suites au *Dracula* de Tod Browning comme *La Fille de Dracula* de Lambert Hillyer, *Le Fils de Dracula* (*Son of Dracula*) de Robert Siodmak et *La Maison de Dracula* (*The House of Dracula*) d'Erle C. Kenton. Ce cinéma fantastique, réalisé avec des budgets modestes à cause de la crise économique, est destiné à des spectateurs peu exigeants. On y retrouve toujours les mêmes acteurs. À cause de son caractère répétitif, il finit par lasser le public et il cède la place à la fin des années 1940 à des parodies laborieuses et vulgaires comme la série dite des « Deux Nigauds », Abott et Costello, où Lugosi et Karloff ne sont plus que l'ombre d'eux-mêmes. Pendant toute cette époque, le vampire est pratiquement absent du cinéma européen et les films américains ne sont alors que très peu diffusés en Europe.

Lorsque la firme britannique Hammer reprend le flambeau de la firme américaine Universal dans les années 1950, elle réutilise les recettes qui ont fait son succès : des films en séries destinés à un large public, avec les mêmes réalisateurs et les mêmes acteurs. Le triomphe des films de vampires anglais est tel qu'ils font des émules dans toute l'Europe, mais aussi aux États-Unis, au Mexique et aux Philippines. Ce cinéma conventionnel et répétitif va à son tour lasser le public et l'on voit paraître d'excellentes parodies, comme *Le Bal des vampires* ou *Le Vampire de ces dames*, mais aussi des farces épaisses et vulgaires, comme *Du sang pour Dracula* (*Andy Warhol's Dracula*, 1973) de Paul Morrissey et *Vampira* (1974) de Clive Donner qui semblent sonner le glas du vampire au cinéma. La réaction a lieu aux États-Unis avec une nouvelle vague de films où l'on recherche la qualité esthétique et l'originalité tout en visant le public le plus large possible. *Les Prédateurs* de Tony Scott, par exemple, est un film à gros budget, tourné à New York et à Londres, et joué par des acteurs prestigieux comme Catherine Deneuve, Susan Sarandon et David Bowie.

Aujourd'hui, les vampires du cinéma ont conquis le monde entier. En Asie, le Japon, la Corée du sud et Hong Kong produisent un excellent cinéma fantastique où les vampires jouent un rôle privilégié. En Europe, les pays scandinaves s'intéressent désormais aux vampires et, grâce au coût moins élevé de la main-d'œuvre locale, on tourne des superproductions dans les anciens pays du Bloc de l'Est, et en particulier en Roumanie où Ted Nicolaou a réalisé la série de films *Subspecies*. La Russie elle-même produit des films de vampires à grand spectacle comme ceux de Timour Bekmambetov à partir du cycle *Night Watch* de Loukianenko. En ce début de XXIe siècle, le vampire n'a jamais été aussi présent sur les écrans et il attire un public toujours de plus en plus nombreux. Ce thème continuera à connaître un très grand succès pendant de nombreuses années pour peu qu'il ne sombre pas dans la sclérose et les stéréotypes comme il l'a déjà fait dans le passé à plusieurs reprises. Les vampires d'aujourd'hui n'ont plus rien de

« gothiques » : ils chevauchent des motos ou conduisent des voitures de sport, ils sont musiciens ou chanteurs de rock et ils habitent désormais au sein des grandes villes modernes où, comme tout un chacun, ils prennent le métro pour se déplacer. Dans certains films de science-fiction, ils évoluent même dans des sociétés futuristes, à bord de vaisseaux spatiaux ou sur de lointaines planètes. Cette modernisation et ce dépoussiérage d'un personnage quelque peu rebattu sont nécessaires pour séduire le public actuel et cette tendance se poursuivra. Dans un monde où règne désormais le scepticisme, le vampire, pour être crédible, doit être démythifié. Comme dans la littérature, les vampires contemporains ne craignent plus les symboles religieux, ils se reflètent dans les miroirs et ils ont l'apparence d'individus normaux. Cette évolution, qui tend à les rapprocher des humains que nous sommes, doit se poursuivre, si l'on veut que le public continue à s'intéresser à eux. Si les métamorphoses en chauves-souris ne font plus recette, il faut trouver autre chose et les cinéastes contemporains font preuve d'une remarquable inventivité. Dans *Aux frontières de l'aube* de Kathryn Bigelow, par exemple, les vampires prennent feu dès qu'ils sont exposés à la lumière du soleil ; dans *Les Vampires* de Carpenter, les morts-vivants sortent spontanément du sol dans la position verticale sans faire le moindre mouvement et ils marchent au plafond à la manière des insectes. Le cinéma contemporain, grâce à l'informatique et aux images virtuelles, dispose d'un énorme arsenal de moyens techniques permettant de montrer de stupéfiants trucages. Aujourd'hui, c'est souvent la qualité et le nombre d'effets spéciaux qui assurent le succès d'un film de vampires et l'on peut estimer que dans les productions des prochaines années, les effets spéciaux seront de plus en plus perfectionnés et de plus en plus étonnants, pour le plaisir des téléspectateurs.

Les cinéphiles avertis, qui aiment les films de vampires parce qu'ils apportent de la magie, du mystère et du rêve, sont souvent nostalgiques car ils ne retrouvent pas leur compte dans le cinéma contemporain. Ils parlent avec nostalgie des grands films du passé comme le *Nosferatu* de Murnau, *Vampyr* de Dreyer ou le *Dracula* de Tod Browning. Le fait est qu'à notre époque il y a, dans ce domaine, relativement peu de chefs-d'œuvre. Quelques films à contre-courant des modes dominantes, en noir et blanc alors que la couleur est désormais la norme, comme *The Addiction* d'Abel

Ferrara, *Nadja* de Michael Almereyda et le *Dracula* de Guy Maddin, peuvent soutenir la comparaison avec les grands classiques, mais, jugés non rentables par les sociétés de production, ils ne sont diffusés que parcimonieusement et ne peuvent toucher qu'un public limité. Ces films, réalisés avec de faibles moyens, sont de moins en moins nombreux dans un système qui recherche avant tout la rentabilité, et l'on ne peut que le regretter. Le cinéma existera toujours mais s'il continue de fonctionner uniquement selon des impératifs financiers, il risque à terme de ne plus être le 7e art qu'il prétend être, et cela concerne les films de vampires comme les autres.

39 *En dehors du cinéma, quels arts le vampire a-t-il inspirés ?*

La musique, en dehors de bandes sonores originales de certains films, n'a qu'un rapport lointain avec les vampires. Le seul opéra encore disponible est le *Vampire* de Marschner qui n'est que rarement représenté sur scène aujourd'hui. Il y a eu des comédies musicales réalisées à partir de *Dracula* et *Carmilla* et le vampirisme est le thème favori de certains groupes de rock. Dans la bande sonore des *Prédateurs*, on entend par exemple un morceau de *heavy metal* intitulé *Bela Lugosi is Dead*. De nombreux ballets ont été réalisés aux États-Unis et au Canada et c'est l'un d'entre eux qui a servi d'argument au *Dracula* de Guy Maddin, film entièrement dansé sur les rythmes de la musique de Mahler.

Le thème du vampire a davantage inspiré les arts graphiques, en particulier la peinture et la gravure et cela surtout à la fin du XIXe siècle et au début du XXe siècle.

Certains peintres utilisent des couleurs très vives pour évoquer le vampirisme. Le plus connu d'entre eux est le Norvégien Edvard Munch (1863-1944) qui a peint en plusieurs exemplaires, de 1893 à 1895, un tableau très connu, *Le Vampire*, représentant une femme étreignant un homme en un baiser voluptueux. Ses longs cheveux roux se confondent avec le sang qu'elle fait couler sur son bras et sur le visage de sa victime. Le thème de la femme fatale vampire a été très à la mode à la fin du XIXe siècle chez les peintres et les graveurs. L'œuvre la plus célèbre est *The Vampire* (1897) du préraphaélite Edward Burne-Jones (1833-1898) où l'on voit une femme apparemment très lascive se pencher voluptueusement au-dessus d'un homme endormi. On retrouve des scènes de ce type dans certaines gravures dc l'Allemand Wilhelm Schade (1859-?) et du Bélarusse Max Kahn (1902-2005).

Au début du XXe siècle, l'idée du vampirisme a surtout inspiré aux artistes toutes sortes de créatures humanoïdes munies d'ailes de chauves-souris. L'un des tableaux les plus connus sur ce thème est *La Chauve-Souris* (1910) du Français Albert-Joseph Pénot (1862-1930) où l'on voit une femme nue déployant ses immenses ailes. Max Ernst a illustré son roman *Une semaine de bonté* (1934) de gravures-collages représentant d'inquiétants personnages munis d'ailes de chauves-souris qui apparemment vampirisent d'innocentes victimes. L'une d'elle représente un homme ailé d'apparence bourgeoise qui étreint une femme en robe à crinolines et, dans une autre, c'est une vieille femme, ailée aussi, qui se penche sur un berceau. Une gravure intitulée *Rêve du 21 décembre* (1909) de Valentine Hugo (1897-1968), épouse d'un arrière-petit-fils de Victor Hugo, représente un visage de femme lacéré par les griffes d'une monstrueuse chauve-souris.

Le vampire a inspiré au XXe siècle quelques peintres et graphistes qui en ont donné des représentations assez inattendues. Le peintre et sculpteur surréaliste polonais Boleslas Biegas (1877-1954) a réalisé en 1914 et 1916 trois tableaux très connus, le premier intitulé *Vampire en forme de lézard* et les deux autres intitulés *Le Baiser du vampire*. Ces trois toiles représentent chacune un homme nu aux prises avec un monstre à tête de femme pourvu d'ailes immenses, de griffes pointues et d'une longue queue fourchue qui rappelle le sphinx de la mythologie. Un autre peintre surréaliste, le Français Clovis Trouille (1889-1975), connu pour ses toiles à la fois érotiques, macabres et violemment anticléricales, a donné du vampire une image plus classique. C'est sous les traits de Nosferatu qu'il le représente. On le voit pour la première fois dans la partie supérieure gauche d'un tableau intitulé *La Vie après la mort* (1930), dont le motif central est une guillotine entourée de divers personnages. Deux autres versions de ce tableau intitulé *La Complainte du vampire* représentent la même scène mais avec des variantes. Dans *Le Spectre vampyr* (1931), on voit trois personnages aux dents pointues ressemblant à Nosferatu : l'un d'eux portant un bicorne sort d'une bouche d'égout sous les yeux d'un second vampire portant un fouet, tandis qu'un troisième contemple la scène. Dans *Le Rêve vampyr* (1960-1962), l'œuvre la plus connue de l'artiste, ce sont les pyramides de Gizeh qui servent de décor. Au premier plan, à gauche, Nosferatu est debout dans un sarcophage et, à droite du tableau, une femme lui lance un regard de reproche, tandis qu'à l'arrière-plan une bohémienne est couchée dans une pose lascive, le sourire aux lèvres, sous l'œil étonné du Sphinx. Dans *L'Heure du sortilège* ou *Vampyr* dont Clovis Trouille a peint plusieurs versions de 1960 à 1969, Nosferatu est agenouillé dans un cimetière et il semble pratiquer quelque rituel interdit. Dans ces toiles, les chauves-souris, motif récurrent chez Clovis Trouille, servent de cache-sexe aux femmes nues qui y sont représentées. Aujourd'hui, le vampire inspire surtout les artistes qui illustrent des livres sur ce thème. Il existe ainsi des versions illustrées de *Dracula* dont les images sont d'une grande beauté, comme celles de l'Américain John J. Muth, dans un album publié en 1986, ou celles du Français Pascal Croci, lui-même auteur de bandes dessinées.

40 *Y a-t-il des vampires dans la bande dessinée ?*

Les vampires sont apparus très tôt dans la bande dessinée. Dès 1946, par exemple, dans la célèbre série de bandes dessinées dont Tarzan est le héros, un épisode dessiné par Rubimor (mars-juin 1945) intitulé *Tarzan dans la cité des vampires* met le personnage d'Edgar Rice Burroughs aux prises avec d'étranges Égyptiens vampires qui ont maintenu intacte la civilisation des pharaons à notre époque.

Le plus célèbre personnage de vampire de l'histoire de la bande dessinée est une extraterrestre, Vampirella, créée par Forrest J. Ackerman pour les éditions Warren Publishing. Elle est apparue en septembre 1969, dans le premier numéro d'un magazine illustré qui portait son nom. Elle n'était là que pour présenter les bandes dessinées du magazine et ce n'est qu'à partir du n° 8 qu'elle est devenue le personnage d'une série d'aventures, jusqu'au 112e et dernier numéro du magazine en septembre 1983. La première couverture était illustrée par Frank Frazetta et le dessinateur des bandes dessinées était Tom Sutton. Parmi les nombreux dessinateurs qui se sont succédé, le meilleur est sans nul doute José Gonzalez qui illustra les aventures de Vampirella à partir du n° 12. Vampirella est un peu l'équivalent féminin de Superman. Contrainte comme lui de quitter sa planète d'origine, Draculon (*sic*), où le sang coulait dans les rivières, Vampirella s'est emparée d'un navire spatial terrien qui lui a permis de venir s'installer sur la Terre. Comme Superman, elle s'est adaptée à la vie parmi les humains et, grâce à ses pouvoirs spéciaux, elle joue un rôle positif en combattant les forces du mal. Elle ne se nourrit que de sang, peut se transformer en chauve-souris, voler dans les airs et fasciner ses ennemis de son regard hypnotique mais, se contentant de sang synthétique, elle est inoffensive pour les humains. Alors que Superman était vêtu d'un collant très moulant qui mettait en valeur sa musculature, Vampirella porte un minuscule maillot qui ne cache rien de ses charmes. Après la disparition du magazine *Vampirella*, l'héroïne vampire a connu une nouvelle carrière et ses aventures ont été publiées dans d'autres magazines et dans une série de six romans publiés sous la signature de Ron Goulart en 1975 et 1976. Un film sur elle a été tourné en 1996 et maintenant, au Japon, Vampirella a l'honneur des mangas.

En dehors de Vampirella, les premiers personnages de vampires de la bande dessinée ont été des héros de romans connus. Le personnage de Stoker a fait sa première apparition en bandes dessinées dans le n° 1 du magazine *Tomb of Dracula*, en avril 1972. Les nouvelles aventures de Dracula réalisées par Gene Colman et Tom Palmer ont été publiées dans les soixante-dix numéros de *Tomb of Dracula* jusqu'en 1979 et dans le magazine *Dracula Lives* (treize numéros de 1973 à 1975). Le vampire y apparaissait sous les traits d'un athlète au visage luciférien, toujours revêtu d'une grande cape et qui avait le visage de l'acteur Jack Palance. Invincible, Dracula devenait une sorte d'*alter ego* négatif de Superman. En 1980, un téléfilm d'animation intitulé *Dracula : Sovereign of the Dead* fut réalisé au Japon, pour la télévision américaine, à partir de *Tomb of Dracula* et le comte réapparut dans d'autres bandes dessinées dans les revues *Dr Strange*, *Nightstalkers* et *Blade*. Au XXIe siècle, en France et au Japon, Dracula est toujours présent. Parmi les meilleurs albums de bandes dessinées françaises, on peut citer *Dracula* (2 vol., 2003-2004) par Hyppolite, *Dracula, le mythe raconté par Bram Stoker* (2006) et *Dracula, le prince Valaque* (2007) par Françoise-Sylvie Pauly et Pascal Croci.

D'autres romans et nouvelles ont été adaptés en bandes dessinées, comme *Carmilla* par Sophia Terzo en 2008 et *La Vierge de glace* (*The Ice Maiden*, 1982) de Marc Behm par Jean-Jacques Beinex et Bruno de Dieuleveult, sous le titre de *L'Affaire du siècle* (2 vol., 2004-2005). *Entretien avec un vampire* a inspiré une série de douze albums dessinés par Christopher Moeller, de 1991 à 1994, et la série de romans de Laurell K. Hamilton, dont l'héroïne est Anita Blake, est en cours d'adaptation en bandes dessinées.

La plupart des bandes dessinées actuelles à partir de scénarios originaux paraissent sous forme de séries. On peut citer pour la France *Le Prince de la nuit* d'Yves Swolfs, *Le Chant des Stryges* d'Éric Corbeyran et Richard Guérineau et *Requiem* de Pat Mills et Olivier Ledroit. Avec le développement des mangas, les vampires ont également envahi le Japon. Il y a ainsi, comme en France, des séries comme *Hellsing* de Kouta Hirano qui a inspiré treize téléfilms, *Blood Alone* de Masayuki Tanako, au très beau graphisme dont l'héroïne, Misaki, est une jeune fille vampire de quatorze ans, et *Vampire Knight* de Matsuri Hino. Le vampire est devenu en quelques années l'un des thèmes majeurs de la bande dessinée fantastique.

IV
LE MYTHE MODERNE DU VAMPIRE

41 *Le vampire peut-il avoir une signification sociopolitique ?*

Le vampire, comme nous avons essayé de le montrer, est un personnage essentiellement romantique mais, en l'espace de deux siècles, la perception que nous avons de lui a profondément changé en fonction des événements et de l'évolution des mentalités. Les femmes vampires de la poésie romantique et anglaise du tournant du XIXe siècle, ainsi que certains personnages de la littérature en prose sont des séducteurs dont le comportement se situe en dehors de la problématique du bien et du mal. Lord Ruthven reste éternellement impuni pour ses crimes et, si Clarimonde et Carmilla sont finalement mises hors d'état de nuire, cela ne retire rien à leur charme vénéneux. Dracula lui-même, par certains côtés, force l'admiration : c'est un bel homme qui a une distinction naturelle et fait preuve d'un courage indéniable, mais dans la conception moralisatrice de la société victorienne, il est présenté comme un ennemi de Dieu et des hommes, qui voue ses victimes à la damnation et défie l'ordre établi. C'est donc un criminel qui doit être éliminé. La plupart des vampires de la littérature victorienne à la fin du siècle correspondent à cette conception et le lecteur est invité implicitement à les condamner au nom de la religion et de la morale établie. Il est intéressant de noter que, lorsque *Dracula* paraît en 1897, le Royaume-Uni est la première puissance mondiale sur le plan tant politique qu'économique. C'est en même temps une nation qui se targue d'être une démocratie libérale et qui se considère comme le parangon de la civilisation moderne. Mais c'est aussi un géant aux pieds d'argile dont l'économie présente des signes de faiblesse, dont l'empire colonial se fissure peu à peu, dont l'homogénéité sociale interne est remise en cause et qui doit faire face à la concurrence de nations en pleine expansion comme l'Allemagne ou la jeune Amérique du Nord. Dans le roman de Stoker, en contraste avec la société anglaise libérale et démocratique décrite par l'auteur où les diverses classes sociales vivent en apparente harmonie, Dracula représente, aux yeux du lecteur victorien, le visage hideux du Barbare venu d'un lointain pays d'Europe centrale à peine civilisé, où règne encore un ordre féodal.

Le vampire, à la fin du XIXe siècle, est donc le catalyseur de toute la xénophobie dont est capable l'Angleterre victorienne et ce phénomène connaîtra au siècle suivant aux États-Unis une acuité nouvelle, après la crise financière et économique de 1929. Ce n'est pas un hasard si le premier film parlant, le *Dracula* de Tod Browning, réalisé en 1930, un an après la chute de Wall Street, connaît un tel succès. Dans les périodes de marasme économique et de chômage endémique, l'étranger est le bouc émissaire responsable de tous les maux. Bela Lugosi, jouant Dracula avec son célèbre accent hongrois, a tout pour attirer la haine du public. Dans la littérature populaire américaine de l'entre-deux-guerres, les vampires ont pour la plupart des noms de consonance slave ou germanique et, dans le climat général de crainte pour l'avenir, ils symbolisent les deux dangers qui menacent la *pax americana* : le bolchevisme et le nazisme. Dans la plupart des récits de cette époque, le vampire joue le rôle du méchant, à quelques exceptions près. L'état-major de l'armée américaine a d'ailleurs fait distribuer des exemplaires de *Dracula* aux soldats qui partaient au front, afin de stimuler leur ardeur guerrière.

Au plus fort de la Guerre froide qui, après la seconde guerre mondiale, oppose l'Est et l'Ouest, le thème du vampire sert aux États-Unis la propagande maccarthyste en illustrant l'idée du complot communiste destiné à subvertir la société. On le sent surtout dans la science-fiction où l'on voit des extraterrestres s'insinuer au sein de l'humanité et prendre l'aspect d'individus normaux pour mieux écraser les êtres humains. Dans la littérature fantastique, les vampires, devenus insoupçonnables, se répandent au sein de la population des villes pour détruire la société. Certains universitaires américains vont jusqu'à considérer le roman de Stoker, pourtant publié en 1897, comme une parabole de la Guerre froide. Dracula, venu d'un pays d'Europe de l'Est symbolise, selon eux, la menace communiste, tandis que la malheureuse Lucy Westenra, au nom prédestiné, représente l'Europe occidentale, incapable de se défendre par elle-même. Celui qui porte le coup fatal à Dracula est un héroïque Américain, Quincey Morris, ce qui montre que l'aide des États-Unis est indispensable pour sauver le monde occidental.

C'est pourtant dans les années 1950 que l'on voit paraître des histoires de vampires qui tentent de sortir de la trop facile opposition bien/mal. Le texte le plus révélateur à cet égard est *Je suis une légende* où les valeurs morales traditionnelles sont inversées. Dans ce roman, où l'ensemble de l'humanité est devenue vampire à l'exception d'un seul individu, c'est ce dernier représentant de l'espèce *homo sapiens* qui devient le monstre de légende qu'il faut éliminer. À la fin des années 1960, une véritable révolution culturelle bouleverse les pays occidentaux. La « normalisation » progressive des rapports avec les pays communistes d'une part et la désastreuse guerre du Viêt Nam d'autre part font tomber bien des certitudes : tout n'est pas bon à l'Ouest et tout n'est pas mauvais à l'Est. À cela s'ajoutent les déceptions devant la société de consommation et la démocratie libérale qui n'ont pas tenu toutes leurs promesses, ainsi qu'un profond désir de libération à l'égard des carcans sociaux et des tabous moraux et sexuels. L'image du vampire en littérature reflète ces bouleversements et l'on assiste à une réhabilitation progressive du personnage. Les vampires d'Anne Rice ne sont plus des monstres qu'il faut éliminer mais des êtres différents de nous que nous devons essayer de comprendre. Loin d'être, comme Dracula, des sortes d'épouvantails, ils fascinent en particulier les jeunes lecteurs car ils sont des êtres d'élite. Ce ne sont pas des démons mais plutôt des anges de la mort. Dans certaines séries contemporaines, comme *Twilight* de Stephenie Meyer, les héros vampires sont même devenus totalement fréquentables puisqu'ils n'ont plus besoin de tuer des humains pour survivre.

La littérature de ces dernières années reflète, bien sûr, les problèmes qui préoccupent nos contemporains comme le sida, la drogue et la violence urbaine. Les vampires y prennent toute leur part, ce qui montre qu'ils sont maintenant fermement ancrés dans le tissu social.

42 *Le vampire a-t-il une dimension religieuse ?*

Dans la tradition légendaire qui a donné naissance au vampire au début du XVIIIe siècle, la dimension religieuse a une importance capitale. Les morts-vivants sont considérés au mieux comme des âmes en peine qui, n'ayant pas pu être admises au Purgatoire, sont condamnées à errer sur cette terre, au pire comme des suppôts de Satan dont la mission est de faire damner leurs victimes. Dans les deux cas, les seules armes vraiment efficaces pour lutter contre eux sont la foi et les symboles du christianisme.

La poésie romantique qui, la première, s'est inspirée de ces légendes a totalement laissé de côté cette dimension chrétienne. Elle s'est située dans une double tradition païenne, celle de la mythologie gréco-latine, comme dans *La Fiancée de Corinthe* de Goethe et *Lamia* de Keats, et celles des pays d'Orient d'obédience musulmane, comme *Le Giaour* de Byron. La morale chrétienne y est totalement étrangère. On retrouve la même indifférence au fait religieux dans la plupart des récits du XIXe siècle jusqu'à la parution de *Dracula*. Dans *The Vampyre* de Polidori, par exemple, la Providence ne joue aucun rôle puisque les innocents comme Ianthe et la sœur d'Aubrey sont des victimes, tandis que Lord Ruthven est impuni. Enfin, si, dans *La Morte amoureuse* et *Carmilla*, le vampire reçoit le châtiment qu'il mérite, il n'est pas sûr que la morale chrétienne triomphe car, dans le cœur de chacune des victimes, subsiste un regret.

C'est Bram Stoker qui, le premier, a redonné au vampirisme toute sa dimension religieuse, au point que lorsqu'on lit *Dracula* de façon un peu superficielle on a l'impression qu'il s'agit uniquement d'un roman édifiant. Pour lutter contre Dracula, Van Helsing utilise toutes les armes de la liturgie catholique, ce qui est d'autant plus étonnant qu'il vient des Pays-Bas, pays qui a été en Europe le champion du protestantisme, et il entraîne avec lui les autres personnages qui sont pourtant tous de bons anglicans et donc censés ne pas croire à la présence réelle du Christ dans l'hostie. On pourrait penser que, pour l'auteur lui-même anglican, la liturgie catholique agit comme une sorte de magie blanche. Quoi qu'il en soit, Van Helsing, apparaît dans ce contexte comme une nouvelle version de l'Archange saint Michel terrassant le démon qu'est Dracula. Le comte vampire est non seulement un suppôt de Satan mais il est vraiment au sens étymologique du terme, l'Antéchrist. Tandis que le Christ donnait son corps et son sang pour sauver le monde, Dracula prend le sang des autres et, ce faisant, les voue à la damnation. La scène, très connue, au cours de laquelle il initie Mina au vampirisme en la contraignant à boire son propre sang apparaît comme une parodie à la fois du baptême et de l'Eucharistie. Heureusement l'âme des victimes innocentes comme Lucy Westenra peut être sauvée *in extremis*. Lorsque le pieu salvateur lui traverse le cœur, le démon qu'était devenue Lucy redevient la pure jeune fille qu'elle était de son vivant. La marque infamante qu'a laissée par ailleurs l'hostie consacrée de Van Helsing sur le front de Mina Harker, souillée par Dracula, disparaît au moment précis où le vampire est éliminé.

Cette dimension religieuse du vampirisme s'est maintenue dans la littérature et dans le cinéma du XXe siècle. Dans les films de la Hammer en particulier, le crucifix brûle les vampires comme un fer rouge et l'eau bénite a sur eux le même effet que le vitriol. De tous les symboles du christianisme, c'est la Croix qui est restée l'arme la plus puissante pour faire reculer les vampires et il n'est pas nécessaire d'être chrétien pour s'en servir efficacement. Dans *Midnight Mass* de Paul W. Wilson, qui, comme *Je suis une légende*, décrit un monde dominé par les vampires, l'un des rares individus restés humains est un rabbin, Zev Volpin, qui, pour se protéger des morts-vivants, a dû se résoudre à porter sur lui en permanence un crucifix. Dans *Salem* de Stephen King, en revanche, la Croix n'est un moyen efficace que si celui qui la porte est convaincu de sa puissance. Au moment d'affronter Barlow, le père Callahan est tellement déterminé et confiant que son crucifix devient lumineux, mais lorsqu'il commence à douter, la croix perd son éclat, et le vampire finit par l'emporter. Dans *Je suis une légende*, Neville découvre que la peur de la croix chez les vampires n'a rien de surnaturel, ce n'est qu'un phénomène culturel dans la mesure où le christianisme, dans les pays occidentaux, est la religion dominante : il constate que son ancien ami de confession israélite, Ben Cortman, n'éprouve pas la moindre gêne à la vue d'un crucifix mais qu'il réagit violemment devant la Torah. Cette idée a été exploitée de façon humoristique par Polanski dans *Le Bal des vampires*, où l'aubergiste vampire juif ricane lorsqu'Alfred lui présente un crucifix.

Si, dans la littérature et le cinéma d'aujourd'hui, les symboles religieux sont encore efficaces pour combattre les vampires, certains auteurs et réalisateurs ont choisi au contraire d'en réfuter l'utilité ou n'y font pas la moindre allusion. C'est le cas d'Anne Rice qui fait dire à Louis, dans *Entretien avec un vampire*, que les crucifix, les hosties consacrées et l'eau bénite n'ont aucun effet sur lui. Louis raconte même qu'il est entré dans une église pour voir ce qui se passerait mais que rien ne s'est produit. Dans certains films, enfin, comme *La Sagesse des crocodiles*, il n'est à aucun moment question d'une allergie du vampire pour les symboles religieux.

Le catholicisme, enfin, a souvent été la cible favorite de la littérature anglo-saxonne. Depuis la parution du *Moine* de Lewis, les auteurs aiment brocarder les prêtres et les religieuses. Les histoires de vampires ne font pas exception à cette règle et, dans un certain nombre de nouvelles et de romans, on voit même des moines devenus des morts-vivants, comme le Frère Mark dans *Dies Irae* (1975) de Richard Howard. Face aux vampires, les hommes d'Église qui sont censés incarner, comme Van Helsing, la volonté de Dieu, sont parfois bien piteux. Le père Callahan, dans *Salem*, et le père Joe Cahill, dans *Midnight Mass*, sont des ivrognes dont la foi est vacillante. Il en résulte parfois une véritable inversion des valeurs car, devant d'aussi piètres adversaires, le vampire a le beau rôle.

43 *Le vampire est-il nécessairement l'incarnation du mal ?*

Le vampire des légendes d'Europe centrale est un être fondamentalement maléfique. Il provoque toujours à terme la mort de ses victimes et il compromet le salut de leur âme. En dehors de la poésie romantique qui ne pose pas le problème en termes de moralité, la littérature du XIXe siècle dans son ensemble a donné des vampires une image négative. Des personnages comme Lord Ruthven et Sir Francis Varney sont dépeints comme des monstres.

Le premier, cynique et débauché, ne cherche qu'à séduire les femmes qu'il rencontre pour mieux provoquer leur perte et le second, dont l'horrible visage reflète la noirceur, n'est, sous des dehors d'aristocrate courtois, qu'une bête sauvage qui attaque ses victimes alors qu'elles sont sans défense. Dracula atteint la quintessence du mal. C'est un noble orgueilleux et despote qui ne souffre pas qu'on lui résiste. Son attitude envers Harker et les trois femmes vampires qu'il tient en esclavage est à cet égard très éloquente. C'est un monstre dénué de pitié comme le prouve l'épisode où il apporte un bébé en pâture à ses femmes vampires. Il ne respecte ni les lois humaines, ni les lois divines et il faut être Coppola pour lui concéder la moindre parcelle d'humanité. Les femmes vampires du XIXe siècle ne valent guère mieux. Si Clarimonde et Carmilla, telles que les voient Romuald et Laura, sont charmantes, elles n'en sont pas moins de redoutables prédateurs totalement dénués de scrupules. Le fait que Carmilla s'attaque de préférence à des enfants est une circonstance aggravante. Dans *Dracula*, la douce Lucy Westenra est transformée après sa mort en un monstre pervers et lubrique qui s'en prend à de jeunes enfants. Dans toute la littérature du XIXe siècle, il est pratiquement impossible de trouver un personnage de vampire pour lequel on puisse vraiment éprouver de la sympathie, à l'exception peut-être du comte Vardalek dans *L'Histoire vraie d'un vampire* (*A True Story of a Vampire*, 1894) du comte Stenbock, qui semble regretter sincèrement d'entraîner le jeune Gabriel vers la mort.

Cette image totalement négative du vampire s'est largement perpétuée dans la littérature et le cinéma du XXe siècle, même si l'on assiste depuis les années 1970 à une incontestable évolution. Le cinéma a donné au début une image très noire des vampires et, comme dans le cas de Varney, la laideur monstrueuse de certains d'entre eux, comme le cauchemardesque Nosferatu interprété par Max Schreck, est censée symboliser le mal absolu qu'ils incarnent. Dans l'écrasante majorité des films, romans et nouvelles de la première moitié du XXe siècle, le vampire est un être malfaisant qui agit de façon solitaire et qui doit être éliminé sans la moindre hésitation. La destruction du vampire à la fin de l'histoire est une victoire du bien sur le mal. Dans certaines nouvelles publiées aux États-Unis, cependant, on trouve deux catégories de vampires qui ne méritent pas tout à fait la sévérité du lecteur : ce sont d'une part les vampires malgré eux qui ont été réduits à ce triste sort, sans même savoir pourquoi et comment, comme Nellie Foster, Joe Labathie ou la jeune héroïne de *Tourbillons de neige*, et d'autre part les vampires amoureux comme la jeune Cristina dans *Car le sang est la vie*, le chevalier Futaine ou le romantique Varri dans *La Jeune Fille et le vampire* (*Softly While You're Sleeping*, 1961) d'Evelyn E. Smith, qui apparaissent plus comme des victimes que comme des bourreaux.

Dans les années 1970 se produit le fameux tournant dont nous avons déjà parlé où apparaissent des personnages de vampires plutôt sympathiques et qui, en tout cas, ne sont plus l'incarnation du mal absolu. Ce sont par exemple, en littérature, les trois protagonistes du roman de Pierre Kast, *Les Vampires de l'Alfama*, Louis, le héros d'*Entretien avec un vampire*, le professeur Weyland, et bien d'autres et, au cinéma, Mae, la jeune fille vampire, qui laisse la vie sauve au jeune Caleb, dans *Aux frontières de l'aube*, ou, plus tard, l'héroïne vampire d'*Innocent Blood* (1992) de John Landis qui élimine tout un réseau de la mafia.

La lutte entre le bien et le mal, qui constituait l'argument principal des histoires de vampires, peut donc se trouver inversée. Les morts-vivants peuvent désormais jouer le rôle de héros à part entière quand ils combattent le mal, ou de victimes lorsque les humains qui ne les comprennent pas s'acharnent contre eux. Dans *La Forteresse noire* de F. Paul Wilson, par exemple, ce n'est pas l'entité vampire qui incarne le mal mais les soldats nazis qui occupent la forteresse et ce sont eux qui seront vaincus. Dans deux autres romans, *Contrat sur un vampire* (*Bloodshift*, 1990) de Garfield Reeves-Stevens et *Des saints et des ombres* (*Of Saints and Shadows*, 1995) de Christopher Golden, l'Église s'attaque aux vampires, mais ces derniers ne sont plus les monstres que l'on dépeint habituellement et les prêtres qui veulent les exterminer ressemblent plus à des mafieux qu'à des soldats du Christ. Dans *Contrat sur un vampire*, ce sont les jésuites qui sont les tueurs et la jeune et sympathique vampire Adrienne Saint-Clair qui est leur cible. Dans *Des saints et des ombres*, les vampires sont inoffensifs mais des prêtres fanatiques dirigés par le père Mulkerinn ont décidé de déclencher contre eux une nouvelle Saint-Barthélemy. Les vampires, sous la direction du courageux Peter Octavian, finiront par vaincre leurs agresseurs. Ces deux ouvrages sont évidemment des cas extrêmes, mais en règle générale, la littérature et le cinéma contemporains aiment nous présenter des personnages de vampires plutôt positifs, comme le jeune héros de la série *Twilight*.

Certains personnages de vampires sont inclassables car ils sont ambivalents. C'est le cas d'Eli, l'héroïne de *Let the Right One In*, à la fois une touchante fillette d'une douzaine d'années, abandonnée à elle-même, qui sauvera le jeune Oskar d'une mort certaine, et un monstre qui s'attaque sauvagement aux passants qu'elle vide de leur sang. Dans la lignée de Claudia, l'héroïne d'Anne Rice, elle fait partie de ces vampires d'aujourd'hui qui échappent au manichéisme traditionnel.

44 *L'attrait qu'exercent les vampires peut-il avoir une influence quelconque sur le comportement de certaines personnes ?*

L'un des problèmes qui agite le monde moderne depuis un certain nombre d'années est de savoir s'il faut interdire ou non la violence dans la littérature, la télévision et le cinéma. On a souvent argué que de telles lectures ou de tels spectacles pouvaient être directement ou indirectement responsable d'actes de violence urbaine ou d'incivilités malheureusement fréquents dans les grands pays industriels, voire de crimes de sang. Selon certains, l'assouplissement de la censure au cours de ces dernières années aurait entraîné dans les esprits une banalisation de la mort, de la violence et du mépris de la vie d'autrui. La place nous manque ici pour entrer dans un tel débat, au demeurant fort intéressant, mais plus complexe qu'il n'y paraît. En revanche, il est tout à fait possible, dans le cadre de ces questions, de s'interroger sur l'influence éventuelle que pourraient avoir les films, les romans et nouvelles mettant en scène des vampires sur l'imagination de certains.

Il est indéniable qu'un grand nombre de romans de vampires qui paraissent de nos jours, surtout aux États-Unis, sont extrêmement violents. Le sang coule à flots dans des scènes d'horreur qui vont jusqu'à représenter de véritables massacres collectifs. Certains de ces romans relèvent du *gore*, ce sous-genre du récit d'horreur qui cherche délibérément à dépasser les limites de l'insoutenable et qui fait du lecteur un voyeur. Une telle débauche d'effets horrifiques, si malsaine qu'elle puisse être, reste néanmoins abstraite car elle ne s'exprime que par des mots. Au cinéma, en revanche, les images sont beaucoup plus agressives et l'on constate que, parmi les films de vampires les plus récents, la violence est de plus en plus spectaculaire. Dans *Trente jours de nuit* de David Slade, les vampires qui envahissent la petite ville d'Alaska massacrent toute la population sans distinction d'âge ni de sexe. Le sang gicle sur les murs et les vampires eux-mêmes en sont littéralement barbouillés. Dans *Morse* de Thomas Alfredson, les scènes où la fillette vampire attaque les passants sont à la limite du supportable. Le visage de l'héroïne est lui aussi barbouillé de sang et le point d'orgue de l'horreur est atteint dans la scène finale de la piscine où elle opère un véritable carnage. Ces films, en revanche, ne sont rien en comparaison des films de zombies qui ont envahi nos écrans depuis quelques années, ou encore de ces séries de films comme *Saw* ou *Hostel* où l'on montre des scènes de tortures difficilement supportables.

Ce paroxysme dans l'horreur et le sadisme peut-il encourager certains lecteurs ou spectateurs à passer aux actes ? Rien n'est moins sûr car le côté révoltant de certaines scènes a plutôt un effet dissuasif chez les individus dits normaux. Certains romans ou films d'horreur ont peut-être donné des idées à de grands pervers comme les tueurs en série, mais rien ne le prouve de façon définitive, car lorsqu'on lit les ouvrages de Stéphane Bourgoin consacrés aux *serial killers*, on constate que la réalité dépasse de très loin la fiction. Certains de ces criminels ont certes agi comme s'ils étaient des vampires, mais rien ne prouve qu'ils l'ont fait sous l'influence directe de la littérature ou du cinéma.

Ce qui est en revanche peut-être plus inquiétant c'est que le personnage du vampire, idéalisé par la littérature depuis les années 1970, grâce en particulier aux romans d'Anne Rice, soit devenu un modèle pour une frange très jeune de la population et cela surtout aux États-Unis, induisant dans les cas extrêmes des comportements nettement pathologiques. Ce n'est sans doute pas très grave si des jeunes gens qui se donnent le nom de « gothiques » ou « goths » portent des vêtements noirs, des lunettes de soleil opaques, voire des lentilles de contact qui rendent leur regard félin ou des prothèses dentaires en forme de crocs, dès lors qu'il ne s'agit pour eux que d'un jeu ou d'une mode. Cela devient beaucoup plus gênant si ce « vampirisme », pris au premier degré, devient pour eux une seconde nature. Aux États-Unis, des parents d'adolescents, des éducateurs et des médecins se sont inquiétés à juste titre de voir se multiplier des cas d'anorexie, d'états dépressifs, voire de conduites suicidaires chez des jeunes qui n'ont pas su prendre leur distance vis-à-vis de ce qui avait cessé pour eux d'être un jeu. Le cas le plus tragique, mais heureusement rarissime, est celui du jeune Roderick Farrell, ce lycéen américain qui, à force de répéter à ses camarades de classe qu'il était un vampire, a fini par se prendre pour tel et, pour le prouver, a froidement assassiné les parents de sa petite amie. On peut dire en conclusion que les vampires, tout comme les loups-garous ou les tueurs sadiques de la littérature et du cinéma, sont à déconseiller aux personnes dont le psychisme est fragile et qui ne savent pas faire une nette distinction entre l'imaginaire et le réel.

45 *Le vampire représente-t-il nécessairement l'altérité absolue ?*

Il nous paraît *a priori* impossible de nous identifier à un vampire car rien n'est plus éloigné de notre propre expérience de la vie que ce personnage. Il vit la nuit et dort le jour, il prend apparemment plaisir à boire le sang frais qui s'écoule d'une veine, ce qui, chez un être normal, inspire surtout du dégoût, il a besoin de tuer les autres pour survivre, enfin il a fait l'expérience de la mort, ayant donc accès à une connaissance qui nous est interdite. Le vampire, de ce fait, est par essence l'incarnation d'une altérité qui nous est à jamais inaccessible.

La littérature et le cinéma ont, à leurs débuts, parfaitement respecté cette dimension du personnage. Les vampires de la littérature du XIXe siècle sont inaccessibles parce qu'ils sont entourés de mystère. On ne sait pratiquement rien de Lord Ruthven, sinon qu'il fréquente les salons londoniens et qu'il a eu de nombreuses aventures galantes. Aubrey lui-même, qui s'est pris d'amitié pour lui et qui l'accompagne dans un voyage en Grèce, ne sait rien de lui et quand son compagnon, avant de mourir, lui fait promettre d'accomplir des rites funéraires incompréhensibles et de lui jurer de ne révéler à personne la nouvelle de sa mort, le mystère ne fait que s'épaissir. La jeune et belle Carmilla, quant à elle, arrive d'une façon très étrange dans la famille de Laura. La mystérieuse femme qui l'amène la présente comme une orpheline et elle demande au père de Laura de l'héberger pendant quelque temps. Le comportement étrange de la jeune fille surprend la narratrice qui, malgré elle, est fascinée par cette nouvelle compagne. Dracula, pour Harker, est un personnage énigmatique, qui tantôt fait preuve d'une politesse exquise et tantôt se comporte avec une incroyable brutalité. Le jeune homme se pose une foule de questions à son sujet : pourquoi le comte est-il rendu furieux par la vue d'un miroir ou d'une simple goutte de sang ? Pourquoi interdit-il à son invité d'accéder à certaines parties du château ? Pourquoi ne rejoint-il son invité que le soir ? Pourquoi ne participe-t-il jamais aux repas qu'il lui sert ? L'impression de malaise que lui donne le comte se mue en véritable frayeur quand Harker le voit descendre le long d'un des murs du château la tête en bas comme le ferait un insecte. Dracula apparaît donc comme la quintessence de l'altérité inaccessible et incompréhensible.

La plupart des vampires de la littérature et du cinéma, au début du XXe siècle, font le même effet. Nosferatu et la vieille femme vampire du film de Dreyer sont des personnages insolites et malsains. Dans les nombreuses nouvelles publiées à cette époque, le vampire est toujours la représentation emblématique de l'autre, car c'est un étranger, un solitaire dont on ne sait pratiquement rien. Cette conception s'est maintenue jusqu'à notre époque dans certains romans et dans certains films. Ce qui rend le vampire Barlow particulièrement inquiétant, dans *Salem* de Stephen King, c'est qu'il est totalement étranger à la communauté que forme la population de Jerusalem's Lot et qu'il se cache dans une maison d'où il sort rarement, son seul contact avec le monde extérieur étant son âme damnée, Straker. Dans le film *Trente jours de nuit*, les vampires qui apparaissent brusquement dans la petite ville font figure d'extraterrestres : on ne sait d'où ils viennent, comment ils sont arrivés là et, de surcroît, ils s'expriment dans une langue incompréhensible. Dans *Morse*, aussi bien que dans le roman qui l'a inspiré, la venue soudaine de cette fillette étrange dans un quartier de la banlieue de Stockholm constitue une énigme. Qui est-elle ? D'où vient-elle ? Ces questions restent à jamais sans réponse.

À mesure que se sont multipliés les romans, les nouvelles et les films sur le thème du vampire, le personnage est devenu très familier au public et son aura de mystère a disparu. À partir du moment où il a perdu son statut d'aristocrate qui en faisait un être en marge de la société et où il s'est fondu dans la population des grandes villes, il est devenu l'un des nôtres en dépit de ses particularités. Lorsqu'enfin ce personnage, que l'on désignait toujours à la troisième personne, a eu le droit de s'exprimer librement et de nous dire ce qu'il ressentait, les barrières qui nous séparaient de lui sont tombées. Un an après la publication de *Salem*, où Stephen King respectait à la lettre la convention du vampire mystérieux, inaccessible et fondamentalement mauvais, Anne Rice a donné la parole à un personnage de vampire sensible et presque humain dans sa façon de voir le monde, qui raconte par le menu tout ce que sa vie d'outre-tombe lui a apporté en bien et en mal. Alors que, à moins d'être soi-même pervers et sadique, il était impossible de s'identifier à Dracula, on compatit aux souffrances physiques et morales de Louis et on partage ses déchirements. Louis n'est plus l'autre, mais il devient, dans une certaine mesure, notre *alter ego* et c'est le cas aussi non seulement des autres personnages d'Anne Rice comme Lestat ou Armand, mais des nombreux vampires qui se sont succédé jusqu'à nos jours. Des personnages comme Miriam, la femme éternellement jeune qui souffre de voir vieillir son époux, Sabella, la jeune fille qui ressent une profonde transformation dans son corps et qui en a peur, Weyland, qui ne parvient pas à s'attacher durablement à un être car il sait que la vie humaine est éphémère, Timmy Valentine, qui traverse une crise existentielle, ne sont assurément pas des monstres. Nous comprenons leurs problèmes et nous pouvons nous identifier à eux.

Quand, enfin, les vampires sont des êtres supérieurs à l'humanité moyenne tant par l'aspect physique que par l'intelligence et l'expérience, éternellement jeunes, pratiquement immortels et libérés des contingences de ce monde, ils ne sont perçus ni comme des monstres ni comme des démons, mais comme des demi-dieux qui vivent parmi nous. Il n'est pas étonnant que de jeunes lecteurs et spectateurs aient envie de leur ressembler. Aux yeux de beaucoup d'entre eux, le vampire n'incarne plus l'altérité détestable mais au contraire une sorte d'idéal.

46 *En quoi le thème du vampirisme est-il érotique ?*

Alors que, dans la tradition légendaire, le vampire est une sorte de revenant au physique plus ou moins effrayant qui s'attaque à ses proies, quels qu'en soient l'âge ou le sexe, uniquement pour satisfaire la soif de sang qui le tenaille, dans la littérature moderne et au cinéma, il a souvent les traits d'un séducteur ou d'une séductrice et il s'attaque de préférence à des personnes du sexe opposé. Ce n'est certes pas un hasard si la poésie romantique a représenté de préférence les vampires sous les traits de femmes fatales dont les étreintes sont mortelles ou si le premier vampire de la littérature en prose, Lord Ruthven, est un irrésistible Don Juan. Le vampire moderne a donc une aura de sexualité et c'est sans doute l'une des raisons pour laquelle il continue tant à fasciner le public.

Dans les récits du XIXe siècle, les vampires – à quelques exceptions près comme Varney, qui est d'une laideur repoussante et qui fait peur aux femmes qu'il rencontre – ont un physique engageant dont ils usent pour séduire leurs victimes. Les femmes vampires en particulier sont irrésistibles : Romuald et Laura sont respectivement sous le charme de Clarimonde et de Carmilla et, dans *Dracula*, l'austère et vertueux Jonathan Harker est bien prêt à succomber à la tentation lorsque les trois femmes vampires s'approchent de lui pour l'étreindre. Dracula lui-même, en dépit de ses aspects déplaisants, est un bel homme, majestueux et de haute stature, mais ce n'est pas par la séduction qu'il attire ses proies. Dans le cas de Lucy, il s'introduit par ruse dans sa chambre et dans celui de Mina, c'est par un odieux chantage (il menace de tuer son mari endormi) qu'il parvient à ses fins. Dracula est perçu par le lecteur beaucoup plus comme un agresseur que comme un séducteur et, jusqu'en 1958, le cinéma retiendra cette image. Nosferatu sera un être de cauchemar et Dracula lui-même sous les traits de Bela Lugosi, de Carlos Villarias, de Lon Chaney Jr. et de John Carradine n'est pas vraiment un Don Juan. Les écrivains de l'époque victorienne font de leurs vampires des personnages inquiétants et malsains et, pendant toute la première moitié du XIXe siècle, c'est cette conception qui domine. Mrs. Amworth et la femme qui attend le narrateur dans la fameuse « chambre dans la tour », dans la nouvelle de Benson, sont de véritables mégères. Les vampires de sexe masculin comme le comte Magnus ne sont pas plus avenants. Ce n'est qu'avec l'avènement, en 1958, d'un nouveau Dracula sous les traits de Christopher Lee, que le cinéma a retrouvé toute la dimension érotique du vampirisme. Dans la série de films tournés par Christopher Lee pour la Hammer, le vampire s'introduit dans la chambre de ses victimes, toutes de jolies femmes vêtues de chemises de nuit transparentes, et les scènes d'érotisme torrides se multiplient. Il y a, dans le cinéma vampiresque du XXe siècle, quelques scènes audacieuses qui sont devenues de véritables morceaux d'anthologie, comme la scène d'amour saphique entre Catherine Deneuve et Susan Sarandon dans *Les Prédateurs*, la séquence, au début de *Life Force* de Tobe Hooper, où Matilda May, vampire extraterrestre, subjugue, dans le plus simple appareil, tous les hommes qu'elle rencontre pour les vider de leur énergie vitale, ou encore la danse lascive de Salma Hayek, à peine vêtue, dans *Une nuit en enfer* de Robert Rodriguez. Dans la littérature vampiresque contemporaine, la sexualité s'exprime de façon ouverte et les scènes de fellation ou de cunnilingus entre vampire et victime de sexe opposé sont devenues très courantes.

La relation entre vampire et victime est beaucoup plus complexe qu'il ne paraît à première vue et elle s'apparente très souvent à une relation amoureuse plus ou moins sado-masochiste. Dans *La Morte amoureuse*, par exemple, Clarimonde suce avec volupté le sang de Romuald et celui, qui sait pourtant que sa vie est en jeu, est tenté de lui dire : « Bois ! et que mon amour s'infiltre dans ton corps avec mon sang » (Gautier : 1962, 113). *La Morte amoureuse* est la toute première histoire de vampire où la victime, qui éprouve de l'amour pour le prédateur, est consentante. Dans *Carmilla*, on retrouve sensiblement la même idée mais cette fois il s'agit d'une relation amoureuse homosexuelle. Laura, au début gênée par les étreintes et les baisers de Carmilla, finit par y prendre goût. Elle s'extasie sur la beauté de Carmilla : « Ah ! comme elle était belle sous la clarté lunaire » (Le Fanu : 1997, 79), et elle se laisse voluptueusement embrasser : « Je sentais la chaleur brûlante de sa joue satinée contre la mienne » (*ibid.*). Lorsque, après les visites nocturnes de Carmilla, elle tombe malade, elle éprouve un sentiment ambigu fait de plaisir et d'horreur : « Le premier changement me parut assez agréable : et pourtant, il était bien proche du tournant où commençait la descente aux Enfers » (*ibid.* : 87). L'idée, à peine esquissée dans *La Morte amoureuse* et *Carmilla*, selon laquelle la victime du vampire devient un partenaire amoureux parfaitement consentant, est beaucoup plus manifeste dans la littérature du XXe siècle. Le narrateur de *La Goule* de Marc Agapit prend un plaisir évident à être vampirisé par l'héroïne éponyme du roman : « Je sens. Maintenant, elle me serre le cou avec ses dents. C'est agréable » (Agapit : 1968, 36). Les personnages féminins peuvent ressentir un véritable orgasme au moment où la dent du vampire pénètre leur chair. C'est le cas de Marie dans la nouvelle de Crispin Derby *To Claim His Own* : « Elle eut un violent soubresaut au moment où il la pénétra et ils se serrèrent l'un contre l'autre, vampire et victime, unis dans une extase sanglante » (Derby : 1975, 189). Il est tout à fait clair, dans cette conception, que la relation vampire/victime est une forme de sexualité qui se limite à l'oralité. Chez le vampire masculin, la dent qui s'enfonce dans la chair du cou est un évident symbole phallique dont il existe des variantes, comme dans *Un vampire ordinaire* où Weyland n'utilise pas ses canines mais une sorte de dard situé sous sa langue, ce qui, sur le plan symbolique revient au même. Chez le vampire féminin, la bouche et les lèvres sensuelles jouent le rôle de la vulve et du vagin. Le partenaire masculin rêve d'être totalement avalé.

Dans la relation entre vampire et « victime », si tant est que ce mot ait encore un sens dans ce contexte précis, Éros et Thanatos sont intimement associés. Le fait de donner la mort ou de la recevoir devient une source de plaisir. Cette idée est déjà présente dans *Carmilla* où la comtesse vampire dit à Laura : « … je vis de ta vie ardente, et tu mourras, oui tu mourras avec délices, pour te fondre en la mienne » (Le Fanu : 1997, 69). Dans *Car le sang est la vie* de Crawford, Angelo, à demi-mort et presque exsangue après avoir été vampirisé par sa chère Cristina, éprouve « le désir étrange d'en donner plus à ces lèvres rouges » (Crawford : 1970, 187). Anna, l'héroïne de *La Jeune Fille et le vampire* d'Evelyn E. Smith, attend avec impatience la morsure du vampire qui est, à ses yeux, la forme ultime du baiser. Mourir de ce baiser est pour elle une sorte de catharsis : « Elle voulait que cela continue jusqu'à ce qu'il n'y ait plus la moindre goutte de sang dans son corps et qu'elle soit totalement propre, totalement pure » (Smith : 1970, 190). Mais c'est Anne Rice qui va le plus loin dans l'exploration de cet érotisme mortifère. Dans *Entretien avec un vampire*, Louis explique que « pour les vampires, l'amour physique ne peut culminer et n'être satisfait que dans le meurtre » (Rice : 1978, 339). Lui-même a éprouvé un intense plaisir lorsque Lestat l'a vidé de son sang : « Je me rappelle que ce mouvement de ses lèvres fit se hérisser les poils de ma peau, provoqua dans mon corps entier une onde de sensation qui n'était pas dissemblable au plaisir de la passion » (*ibid.* : 30) et lorsqu'à son tour devenu vampire il a bu le sang que Lestat lui a offert : « Je bus, aspirant le sang par les trous qu'il avait ouverts, renouvelant, pour la première fois depuis mon enfance, le plaisir particulier de pomper ma nourriture, le corps polarisé à l'unisson de mon esprit sur cette unique forme de vie » (*ibid.*). Pour les vampires d'Anne Rice, le lien du sang entre le prédateur et sa victime est la quintessence de la relation érotique car il y a, pendant, une fusion totale entre deux êtres.

Anne Rice n'a pas craint dans ses romans de s'attaquer à certains tabous sexuels en décrivant avec complaisance des scènes qui relèvent de la pédophilie et de l'inceste. Dans *Entretien avec un vampire*, Louis, considéré par la petite Claudia (qui n'a, rappelons-le, que six ans) comme son père adoptif, entretient avec sa pupille une relation sensuelle qui va très au-delà des liens affectifs entre un père et une fille. Dans *Le Vampire Lestat*, le héros éponyme tombe amoureux de sa mère Gabrielle, rajeunie et embellie depuis qu'il en a fait un vampire, et le roman laisse entendre que la mère et le fils ont des relations sexuelles. Le thème du vampirisme, comme on peut en juger, est très porteur d'érotisme et celui-ci est décliné de façons très différentes. Pourtant, par réaction peut-être avec l'érotisme exacerbé des histoires de vampires de ces dernières années, Stephenie Meyer décrit, dans *Fascination* et les autres romans du cycle *Twilight*, les amours très chastes entre un vampire qui ne mord pas et une jeune mortelle, mais il est vrai que ces romans sont destinés à un public d'adolescents et que l'auteur, qui est membre de l'église des Mormons, est soucieuse de ne pas choquer leurs parents.

47 *Comment la mort est-elle perçue dans les histoires de vampires ?*

Dans les histoires de vampires, qu'il s'agisse de nouvelles ou de romans, la mort est omniprésente et tout est là pour la rappeler. Depuis l'époque de Polidori jusqu'à nos jours, les vampires ont vraiment l'aspect de cadavres animés. Ils ont le teint blafard, l'haleine fétide et la peau glacée. Dans la conception la plus classique, ils dorment le jour dans un cercueil et portent des vêtements noirs comme s'ils étaient en deuil d'eux-mêmes. Dans les films de la Hammer, Dracula se déplace de préférence dans un corbillard. Dans bon nombre de récits, enfin, c'est dans les cryptes et les caveaux de famille que l'on rencontre les vampires. Dans *La Tombe au Père Lachaise* (1913) de Karl Hans Strobl, le héros fait le pari de vivre un an dans le caveau de famille d'une comtesse polonaise, sans même se rendre compte que celle-ci le vampirise chaque nuit. Dans *Pauvre Sonia*, l'héroïne, prostituée dans le quartier des Halles, regagne avant l'aube sa tombe au Père Lachaise. Dans les films fantastiques, l'horreur est à son comble quand on voit s'ouvrir en grinçant le couvercle d'un cercueil, poussé par une main décharnée. La mort et tous ses attributs constituent le principal argument des films d'horreur.

Dans les nouvelles et romans contemporains écrits du point du vampire ou portant son témoignage direct, les auteurs essayent de se représenter ce que peut être l'expérience de la mort pour un être humain. Dès 1939, dans *Cross of Fire* de Lester del Rey, le narrateur vampire découvre qu'il est mort, non pas à cause de ce qu'il ressent physiquement mais à cause du comportement des villageois lorsqu'ils le croisent dans la rue : « Pourquoi devraient-ils avoir peur de moi ? Pourquoi cette vieille femme devrait-elle pleurer et faire entrer les enfants à la maison, au moment où je passe ? Pourquoi éteint-on les lumières et pourquoi les rues sont-elles désertes à mon approche » (del Rey : 1992, 233). Dans *Pillar of Fire* (1948) de Ray Bradbury, c'est l'impossibilité de respirer qui fait comprendre à Lantry, le protagoniste, qu'il n'est plus vivant : « Il essaya de respirer. C'était impossible. Il marchait sur la terre, il sortait de la terre. Mais il était mort » (Bradbury : 1968, 172).

Lantry comprend que si ses fonctions corporelles ont cessé, il n'en est pas moins capable de se déplacer comme tout être vivant : « Il aurait voulu pleurer, mais il ne pouvait pas non plus faire venir les larmes. Tout ce qu'il savait c'est qu'il était debout; or il était mort et il n'aurait pas dû marcher ! » (*ibid.*). Le héros du roman de Peter Tonkin, *Le Journal d'Edwin Underhill* (*The Journal of Edwin Underhill*, 1981), a le même étonnement, lorsque, reprenant conscience après une tentative de suicide, il croit dans un premier temps qu'il est toujours vivant, puis découvre en lui des sensations étranges : « Je ne sentais pas le poids des bras sur ma poitrine, et pourtant mes doigts touchaient, comme au travers de gants très fins, le tissu d'un gilet. Il n'y avait plus la pulsation toute puissante du cœur dans les innombrables terminaisons nerveuses. Il n'y avait pas, dans ma gorge et dans mes narines, le bruissement de la vague de l'air » (Tonkin : 1983, 111). Dans *Entretien avec un vampire*, Louis s'efforce d'expliquer avec précision ce qu'il a ressenti au moment de la mort : « Tous mes fluides de mortel m'étaient arrachés. En tant qu'humain, j'étais en train de mourir, mais j'étais parfaitement en vie en tant que vampire et de mes sens nouvellement éveillés, il me fallut assister à la mort de mon corps » (Rice : 1976, 33). Dans un roman plus récent, *Galen* (1997) d'Alan Gilbreath, le processus de décomposition du corps de Brenda, alors qu'elle est parfaitement consciente de ce qui lui arrive, est décrit avec une grande minutie : « Les lacérations continuèrent à s'étendre sur ses seins et sur son ventre. Au bout de quelques minutes, son corps tout entier fut comme déchiré de la tête aux pieds par les pressions internes. La peau se mit à peler en lambeaux, formant des bourelets humides qui restaient attachés à son corps » (Gilbreath : 1997, 110). L'auteur décrira avec le même luxe de détails la reconstitution du corps de Brenda après la mort clinique. La mort pour les vampires n'est pas une fin mais une simple transition vers une autre forme de vie. Chez Karl Hahroffer, Lantry et Peter Underhill, cette vie posthume se caractérise par une absence de sensations corporelles comme si l'organisme avait perdu toutes ses fonctions vitales, à l'exception de la faculté de voir, d'entendre, de penser et de se mouvoir. Chez Anne Rice, au contraire, c'est une vie nouvelle qui commence avec une palette de sensations visuelles, olfactives et auditives. Dans *Entretien avec un vampire*, Louis décrit ses premiers instants de vie posthume comme un véritable enchantement : « Il me semblait que je venais tout juste d'acquérir le pouvoir de percevoir les couleurs et les formes » (Rice : 1976, 32).

La mort n'est pas toujours décrite de façon tragique ou lyrique et dans la littérature et le cinéma, elle inspire parfois, surtout dans les pays anglo-saxons, un savoureux humour noir. *Le Bal des vampires* de Polanski, qui est assurément un excellent film, en fournit la preuve la plus éclatante. Dans un certain nombre d'histoires de vampires qui ont pris le parti de dédramatiser la mort, on aboutit parfois à des situations cocasses comme dans *La Grande Réunion* de Ray Bradbury, où les enfants vampires dorment sagement dans leurs cercueils, et dans *Funérailles* (*The Funeral*, 1955) de Richard Matheson où la mise en bière d'un vampire se traduit par une joyeuse fête.

48 *Comment la psychanalyse voit-elle les vampires ?*

Si le vampire est un personnage fascinant, c'est parce qu'il se situe au carrefour des deux instincts fondamentaux qui motivent notre existence, l'instinct sexuel et l'instinct de mort. Le premier, fondé selon le principe du plaisir, sert à la préservation de la vie et le second, selon Freud dans *Au-delà du principe du plaisir*, se caractérise par « la tendance à l'abaissement, à l'innervation, à la suppression de la tension interne provoquée par les excitations » (Freud, 1980 :10). La satisfaction des pulsions sexuelles se caractérise par un brusque relâchement de la tension, aboutissant à cet état extatique auquel les psychanalystes ont donné significativement le nom de « petite mort ». Cet état second est proche du nirvana des brahmanes. Le vampirisme en constitue une parfaite illustration symbolique puisque, comme le dit Ornella Volta dans l'avant-propos de son ouvrage, *Le Vampire* : « Le vampire, en effet, est avant tout, une création érotique. La "victime" envoûtée, mise en état de transes par son partenaire, dont elle aime toujours l'agression, le voit comme un monstre irrésistible » (Volta : 1962, 9). C'est la raison pour laquelle, dans de nombreuses histoires de vampires comme *Car le sang est la vie*, *La Jeune Fille et le vampire*, et *Entretien avec un vampire*, la victime, plongée dans une sorte d'hébétude voluptueuse, aspire plus ou moins consciemment à la mort (voir question 46). Le fait d'être progressivement vidée de son sang est, pour la victime, une manière de quitter le monde de la matière et du viscéral pour atteindre une béatitude qui efface toutes les angoisses et toutes les tensions.

Le vampire, quant à lui, éprouve à l'égard de sa victime un désir de possession qui s'apparente au désir sexuel, mais qui s'accompagne d'une pulsion agressive et destructrice. Le vampirisme symbolise donc dans une certaine mesure la part de sadisme inhérente au désir amoureux car, comme l'a souligné Havelock Ellis dans *Psychology of Sex* (1933) : « Le sadisme est généralement défini comme une émotion sexuelle associée au désir d'infliger la douleur, physique ou morale, à l'objet de l'émotion » (Ellis : 1961, 172). Freud a montré que « dans la phase d'organisation orale de la libido, la possession amoureuse coïncide avec la destruction de l'objet; plus tard, la tendance sadique devient autonome et, finalement, dans la phase génitale proprement dite, alors que la procréation devient l'objectif principal de l'amour, la tendance sadique pousse l'individu à s'emparer de l'objet sexuel et à le dominer dans la mesure compatible avec l'accomplissement de l'acte sexuel » (Freud : 1980, 68).

Dans la mesure où la victime est consentante, le vampirisme s'apparente à une relation amoureuse où sadisme et masochisme sont intimement liés. Si, comme l'a montré Havelock Ellis, il y a une part de sadisme et de masochisme dans les pulsions sexuelles d'un être humain normal, le vampirisme représente en revanche une déviance par rapport à la sexualité normale. Les pulsions sado-masochistes du vampirisme relèvent nettement de la sphère du pathologique puisque, contrairement aux rapports sexuels normaux, elles aboutissent à la mort de l'un des deux partenaires. Dans *On the Nightmare* (1931), Ernest Jones a montré que la mythologie du vampire tirait son origine de fantasmes morbides provoqués par des émotions très diverses comme le désir sexuel refoulé, l'angoisse à l'égard de la sexualité ou un sentiment de culpabilité lié à des désirs incestueux lors de la petite enfance : « La psychanalyse a montré sans équivoque que ce sentiment inconscient de culpabilité tirait son origine de désirs incestueux infantiles qui n'ont été qu'imparfaitement surmontés au cours du développement » (Jones : 1978, 313). Lorsque de telles émotions prennent un caractère obsessionnel, elles peuvent mener certains individus à commettre des crimes de sang. Généralement inconscient de ses motivations profondes, le sujet qui passe à l'acte tire de la souffrance d'autrui la satisfaction sexuelle qu'il ne pouvait atteindre du fait de ses inhibitions. L'écrivain Theodore Sturgeon a imaginé un cas de ce genre dans son roman *Un peu de ton sang* dont le protagoniste est un soldat américain, George Smith, examiné par deux psychiatres de l'armée après avoir agressé un officier. Les interrogatoires amèneront George à avouer deux meurtres sur la personne d'un vieillard, puis d'un enfant, au cours desquels il a bu le sang de ses victimes. Ce « vampire » n'est évidemment pas un mort-vivant mais un psychopathe souffrant d'hématomanie dépressive. Les deux psychiatres apprendront que cette fascination pour le sang est liée, d'une part, à la haine qu'il portait à son père et, d'autre part, à la culpabilité qu'il ressent à l'égard de sa mère morte alors qu'il était enfant. Le sang est associé pour lui au lait maternel qui lui apportait une vive satisfaction mais ce plaisir a, selon lui, provoqué la mort de sa mère par épuisement. Incapable d'avoir une sexualité normale, George ne peut satisfaire ses étranges pulsions qu'en suçant le sang menstruel de sa compagne Anna. En tuant le vieillard, George a symboliquement tué le père détesté et en tuant l'enfant il a supprimé le bébé parasite qu'il était et qui est, à ses yeux, responsable de la mort de sa mère.

Dans le cinéma et la littérature, le vampire, lorsqu'il est perçu comme un personnage violent et agressif, représente pour une large part l'image symbolique du père castrateur. Aux États-Unis, des psychiatres et des psychanalystes se sont demandés pourquoi Stoker avait écrit *Dracula*. En étudiant sa biographie, ils ont constaté que, dans sa petite enfance, le jeune Bram était un sujet malingre qui avait eu de nombreuses interruptions dans sa scolarité du fait de diverses maladies et qui avait été soigné avec tendresse par sa mère qui l'adulait. En revanche, il redoutait son père, personnage très strict et très autoritaire qui imposait à ses fils une discipline de fer. Lorsque Bram était âgé de vingt-trois ans, son père lui reprochait ses relations avec de jeunes actrices. Selon certains psychanalystes, Dracula serait la représentation de ce père terrible qui est symboliquement mis à mort à la fin du roman. Selon le professeur McGillivray, dans *Dracula : Bram Stoker's Spoiled*

Masterpiece (1952), le thème principal du roman est le parricide et ce n'est pas seulement l'élimination de Dracula qui en constitue selon lui la preuve. Plusieurs personnages secondaires censés représenter l'image paternelle, comme le père d'Arthur Holmwood et l'employeur de Jonathan Harker, meurent dans le roman. L'idée que Dracula représente aux yeux de son créateur l'image symbolique de son propre père est séduisante, mais McGillivray ne parle pas de Van Helsing, qui est lui aussi une figure paternelle, mais rassurante, et dont le prénom, Abraham, est celui du père de Stoker. Le docteur Joseph Bierman, dans *Dracula : Prolonged Childhood Illness and the Oral Triad* (1972), affirme de son côté que le véritable thème du roman est le fratricide. Selon lui, le désir inconscient de mort que Stoker alors enfant éprouvait à l'égard de ses frères s'exprime dans le roman sous la forme de trois infanticides. Ce complexe de Caïn s'exprime de façon inconsciente par le fait que le dément Renfield se compare à Enoch, le fils de Caïn, et que la cicatrice infamante que Mina Harker porte au front est la marque de Caïn. Dans *Dracula and Surgically Induced trauma in Children* (1973), un autre psychiatre, Seymour Shuster, montre que le personnage de Dracula est le reflet symbolique des médecins que Stoker redoutait quand il était enfant. La morsure du vampire serait le rappel inconscient de la piqûre des seringues hypodermiques qui terrifiait le petit Bram. Shuster, à l'appui de sa thèse, fait remarquer que les deux premières lettres de Dracula correspondent à l'abréviation du mot docteur.

Ces « explications » divergentes montrent, s'il en est besoin, qu'il est hasardeux de psychanalyser un auteur à travers sa fiction et qu'en utilisant de telles méthodes d'analyse, on peut prouver n'importe quoi. Elles ont le mérite en tout cas de faire la preuve que le vampirisme intéresse les psychiatres et psychanalystes.

49 *Quel a été l'apport des jeux de rôle dans le mythe moderne du vampire ?*

Les jeux de rôle ont connu un énorme succès dans les années 1980 et 1990 aux États-Unis puis en Europe. C'est dans le monde du fantastique et de la *fantasy* qu'ils ont connu un rapide développement. À l'origine, dans les années 1960, les jeux de guerre où l'on simulait des affrontements militaires étaient très populaires. L'ancêtre du jeu de rôle était un jeu de guerre, *Chain Mail*, créé en 1966 par Gary Gygax et inspiré du *Seigneur des anneaux* de Tolkien. Le plus ancien jeu de rôle, *Dungeons and Dragons*, apparut en 1974, inspiré lui aussi de Tolkien et où les joueurs évoluaient dans un monde fantastique médiéval. Très populaire aux États-Unis et diffusé en France sous le titre de *Donjons et dragons*, il n'a pas tardé à susciter de nombreuses imitations.

Les vampires ont trouvé rapidement leur place dans cet univers et *Vampire : la Mascarade*, créé en 1990, a connu un succès immédiat. Publié aux États-Unis par les éditions White Wolf et diffusé en France par la société Hexagonal, ce jeu, inspiré par les romans d'Anne Rice, postule que les vampires, qui sont les descendants de Caïn, vivent de façon clandestine au sein de nos grandes villes en essayant de se faire passer pour des humains, d'où le nom de Mascarade. Ils se réunissent au sein de sociétés secrètes dont les deux principales sont la Camarilla, qui redoute d'être découverte par les humains, et le Sabbat, qui affirme la supériorité des vampires sur les humains et qui mène ouvertement la lutte contre eux. Les vampires qui n'appartiennent pas à ces sociétés sont les Indépendants. Ces trois composantes du monde vampire sont elles-mêmes divisées en clans. La Camarilla a treize clans, dont les Brujahs, les Gangrels, les Malkaviens, les Nosferatus, les Toréadors, les Tremeres et les Ventrues; le Sabbat n'en a que deux, les Lasombras et les Tzimisces, tandis que les Indépendants se répartissent en quatre clans : les Assamites, les Giovannis, les Ravnos et les Sethites. Les deux principales sectes se livrent une lutte sans merci, ce qui permet aux joueurs de développer toutes sortes de stratégies.

D'autres jeux de rôles comportent également des vampires : c'est le cas de *Ravenloft* et de *Warhammer*. *Ravenloft* est un monde fantastique médiéval créé en 1983 qui, dans un premier temps, a servi de cadre au jeu de rôle *Donjons et dragons* avant de devenir totalement autonome en 1990. *Warhammer*, créé en 1986, est lui aussi un jeu de rôle fantastique médiéval, mais il se distingue de *Donjons et dragons* en ce qu'il se situe plutôt vers la fin du

Moyen Âge et que la vision qu'il donne du monde est nettement plus désespérée.

Ces trois jeux de rôle ont eu, comme les séries télévisées, des « produits dérivés » et, en particulier, ont fait naître une abondante littérature. Dans la série *Ravenloft*, deux personnages de vampires se détachent, d'une part le baron Strahd von Zarovitch, inspiré de Dracula, dans *Le Vampire des brumes* (*Vampire of the Mists*, 1991) de Christie Golden et les deux romans de P.N. Elrod, *Moi Strahd : journal d'un vampire* (*I, Strahd : The Memoirs of a Vampire*, 1993 et *II, Stradh : The War against Azalin*, 1998), et d'autre part Ilsabet, l'héroïne de *La Baronne sanglante* (*Baroness of Blood*, 1995) d'Elaine Bergstrom, calquée sur la comtesse Báthory. Dans la série *Warhammer*, l'écrivain anglais Kim Newman a publié sous le pseudonyme de Jack Yeovil trois romans, *Drachenfels* (1989), *Genevieve Undead* (1993) et *Silver Nails* (2002), dont l'héroïne est une femme vampire, Geneviève Dieudonné. *Vampire : la Mascarade* a inspiré de son côté plusieurs dizaines de romans comme les *Clan Novels* (1999-2000) qui traitent chacun d'un des clans de la Camarilla, ainsi que diverses trilogies. Toute cette littérature a eu beaucoup de succès auprès d'un public jeune et les jeux de rôle eux-mêmes ont permis aux lecteurs de s'identifier à leurs héros préférés. Le phénomène des jeux de rôle a donc eu une importance aussi grande que la littérature, le cinéma et les séries télévisées pour la constitution de ce que l'on peut appeler maintenant le mythe moderne du vampire.

CONCLUSION

50 *Comment peut-on en finir avec les vampires ?*

« Je ne crois pas aux fantômes, mais j'en ai peur », disait Madame du Deffand. Cette phrase pourrait s'appliquer aux vampires et être prononcée par nos contemporains. Lorsque la croyance aux vampires, qui avait mis plusieurs siècles à prendre forme, transmise oralement de génération en génération et devenant au fil des ans de plus en plus précise, a été révélée au monde occidental au début du Siècle des lumières, elle a été immédiatement condamnée par les hommes de science, les médecins, les philosophes et même l'Église, au nom de la raison triomphante. Si les poètes romantiques, puis les romanciers et nouvellistes, ne s'étaient pas emparés de cette tradition légendaire, celle-ci aurait pu être totalement oubliée et ne devenir un sujet d'intérêt que pour quelques ethnologues, sociologues et anthropologues. Or, aujourd'hui, en ce début de XXIe siècle, les vampires sont partout, dans la littérature, au cinéma, à la télévision, dans les jeux de rôle et même dans la publicité. Ils font partie du décor de la vie moderne et tout le monde, de la petite enfance à l'âge mur, les connaît. En dehors peut-être de quelques personnes âgées, dans des régions reculées d'Europe centrale, ou de quelques adeptes des sciences occultes, on ne croit plus aujourd'hui aux vampires et pourtant ils sont toujours aussi fascinants. La raison en est sans nul doute que ces prédateurs se trouvent au cœur d'une constellation de symboles gravitant autour de ce qui donne sens à notre existence : le sang, la vie, l'amour, et la mort.

Depuis son entrée dans la littérature au tournant des XVIIIe siècle et XIXe siècles, le vampire a certes subi de nombreuses métamorphoses. Dépeint par les romantiques comme la représentation emblématique du beau ténébreux séducteur ou de la femme fatale, il est devenu chez les victoriens, après la parution de *Dracula*, un personnage pervers, ennemi de Dieu et des hommes. Jusqu'à la fin des années 1950, le cinéma a pérennisé cette image, représentant parfois les morts-vivants sous les traits de monstres de cauchemars comme Nosferatu. La littérature et le cinéma de la seconde moitié du XXe siècle ont progressivement humanisé le personnage et Anne Rice, en lui donnant la faculté de s'exprimer librement, a ouvert des portes qui ne se sont jamais refermées. Le vampire moderne, débarrassé d'une partie de son aura surnaturelle et lavé d'un certain nombre d'accusations, est devenu dans l'imaginaire collectif un être sensible capable d'aimer et de souffrir auquel lecteurs et spectateurs peuvent s'identifier sans complexe. Le suppôt du démon, tel que le percevaient les victoriens, a fait place au surhomme, éternellement jeune, pratiquement immortel et entièrement libéré des contingences de notre existence. Il n'est pas étonnant qu'il soit devenu au XXIe siècle un objet d'admiration et même de fascination pour de très jeunes lecteurs. L'énorme succès mondial de la tétralogie *Twilight*, destinée à un public d'adolescents, en est la preuve la plus éclatante. On peut parler dans ce cas de néo-romantisme puisque le protagoniste est un jeune et beau vampire épris d'une jeune mortelle qui, par amour pour sa belle, parvient à faire taire les dures lois de sa nature. Un tel personnage se situe évidemment aux antipodes d'un Dracula.

Ce qui assure la pérennité du vampire dans l'imaginaire c'est qu'il est capable, mieux que tout autre personnage de la littérature fantastique, de s'adapter à l'évolution des esprits. Même s'il est très connoté et très ressassé, le personnage du vampire transcende toutes les modes. Il continue et il continuera longtemps de nous fasciner.

PRINCIPAUX ROMANS ET NOUVELLES DE VAMPIRES CITÉS

XIXe siècle

Anonyme, *Varney the Vampire, or the Feast of Blood*, Londres, Edward Lloyd, 1847 (roman attribué successivement à Thomas Preskett Prest et à James Malcom Rymer).

BRADDON, Mary E., *Good Lady Ducayne*, dans *Strand magazine* n° 11, février 1896.

CLADEL, Léon, *Ompdrailles, le Tombeau des lutteurs*, Paris, Cinqualbre, 1879.

DOYLE, Arthur Conan, *The Parasite*, Londres, Constable, 1891.

DUMAS, Alexandre, *L'Île de Feu* (1870), Bruxelles, Recto-Verso, 1991.

—, *Les Mille-et-un fantômes*, Paris, *Le Constitutionnel*, 1894.

FÉVAL, Paul, *Le Chevalier Ténèbre*, dans *Le Musée des familles*, avril-mai 1860.

—, *La Vampire*, dans *Les Drames de la mort*, 1862.

—, *La Ville-vampire*, Paris, Éditions Dentu, 1875.

FIELD, John Osgood (sous le pseudonyme de XL), *A Kiss of Judas*, dans *Pall Mall Magazine* 1, n° 3, juillet 1893.

GAUTIER, Théophile, *La Morte amoureuse* (1836), dans *Contes fantastiques*, Paris, José Corti, 1962.

GILBERT, William, *The Last Lords of Gardonal*, dans *Argosy*, juillet-septembre, 1867.

GOGOL, Nikolaï, *Vij* (1835), dans *Histoires de vampires*, Paris, Robert Laffont, 1961.

JAMES, Henry, *De Grey* (*De Grey : A Romance*, 1868), dans *Les Fantômes de la jalousie*, Paris, NeO, 1982.

—, *Professor Fargo*, dans *The Galaxy*, août 1874.
—, *The Sacred Fount*, New York, Charles Scribner's Sons, 1901.
LE FANU, Joseph Sheridan, *Carmilla* (1871), dans *Vampire : Dracula et les siens*, Paris, Omnibus, 1997.
MARRYAT, Florence, *The Blood of the Vampire*, Londres, Hutchinson, 1897.
NODIER, Charles, *Lord Ruthwen et les vampires* (1820), Marseille, Laffite, 1978.
POLIDORI, John William, *Le Vampire* (*The Vampyre*, 1819), dans *Vampire : Dracula et les siens*, Paris, Omnibus, 1997.
PONSON DU TERRAIL, Pierre-Alexis, *La Baronne trépassée* (1853), Verviers, Marabout, 1975
—, *La Femme immortelle* (1869), Paris, Éditions de l'aube, 2006.
STOKER, Bram, *Dracula* (1897), Verviers, Marabout, 1993.
TOLSTOÏ, Alexeï, *La Famille du Vourdalak* (1846), dans *Anthologie du fantastique*, Paris, Le Club français du livre, 1958.
TOURGUENIEV, Ivan, *Apparitions*, 1864.
—, *Clara Millitch*, dans *Le Messager de l'Europe*, janvier 1883.
WELLS, Herbert George, *L'Étrange Orchidée* (*The Strange Orchid*, 1894), dans *Histoires anglo-saxonnes de vampires*, Paris, Librairie des Champs-Élysées, 1978.

XXe siècle (première moitié)

BENSON, Edward Frederick, *La Chambre dans la tour* (*The Room in the Tower*, 1912), dans *La Chambre dans la tour*, Paris, Le Masque, 1978.
—, *Mrs Amworth* (1922), dans *Vampires : Dracula et les siens*, Paris, Omnibus, 1997.
—, *Negotium Perambulans*, dans *Hutchinson's Magazine*, novembre 1922.
BLACKWOOD, Algernon, *The Transfer*, dans *Country Life*, décembre 1912.
BLOCH, Robert, *La Cape* (*The Cloak*, 1939), dans *Histoires anglo-saxonnes de vampires*, Paris, Librairie des Champs-Élysées, 1978.
—, *Croquemitaine viendra te chercher* (*The Bogey Man Will Get You*, 1946), dans *Contes de terreur*, Paris, Opta, 1974.

BRADBURY, Ray, *Pillar of Fire* (1948), dans *The Midnight People*, Londres, Leslie Frewin, 1968.
CAMPBELL Jr., John W., *La Bête d'un autre monde* (*Who Goes There?*, 1938), dans *Le Ciel est mort*, Paris, Denoël, 1955.
CAPES, Bernard, *The Mask*, dans *The Fabulist*, 1915.
CAPUANA, Luigi, *Le Mari vampire* (*Il Vampiro*, 1907), dans *Histoires de vampires*, Paris, Robert Laffont, 1963.
CAPOTE, Truman, *Miriam*, dans *Mademoiselle*, juin 1945.
DEL REY, Lester, *Cross of Fire* (1939), dans *Weird Vampire Tales*, New York, Gramercy Books 1992.
DERLETH, August, *Nellie Foster*, dans *Weird Tales*, juin 1933.
—, *The Satin Mask*, dans *Weird Tales*, janvier 1936.
—, *Tourbillons de neige* (*The Drifting Snow*, 1939), dans *Histoires anglo-saxonnes de vampires*, Paris, Librairie des Champs-Élysées, 1978.
DOYLE, Arthur Conan, *Le Vampire du Sussex* (*The Adventure of the Sussex Vampire*, 1924), dans *Vampire Story*, Paris, Fleuve Noir, 1994.
EWERS, Hanns Heinz, *Vampir* (1922), Lausanne, L'Âge d'homme, 1989.
FARRÈRE, Claude, *La Maison des hommes vivants*, Paris, Librairie des Annales, 1911.
HARVEY, W(illiam) F(ryer), « Miss Avenal » (1928), dans *Histoires anglo-saxonnes de vampires*, Paris, Librairie des Champs-Élysées, 1978.
HERON-ALLEN, Edward, *Another Squaw?*, dans *Some Women of the University*, Londres, Stockwell, 1934.
—, *The Princess Daphne*, Londres, Drane, 1888.
HYDER, Alan, *Vampires Overhead*, Londres, Philip Allan, 1935.
JAMES, Montague Rhodes, *Le comte Magnus* (*Count Magnus*, 1904), dans *La Grande Anthologie du Fantastique*, tome 3, Paris, Omnibus, 1997.
KELLER, D. H., *La Guerre du Lierre* (*The Ivy War*, 1930), dans *Histoires anglo-saxonnes de vampires*, Paris, Librairie des Champs-Élysées, 1978.
KUTTNER, Henry, *Dans ma solitude* (*I, the Vampire*, 1937), dans *Trois Seigneurs de la nuit* n° 3, Paris, NeO, 1988.

LAWRENCE, David Herbert, *La Jolie Dame* (*The Lovely Lady*, 1928), dans *Histoires anglo-saxonnes de vampires*, Paris, Librairie des Champs-Élysées, 1978.

LEIBER, Fritz, *La Fille aux yeux avides* (*The Girl with the Hungry Eyes*, 1949), dans *Fiction* n° 211, juillet 1971.

LE ROUGE, Gustave, *Le Prisonnier de la planète Mars* (1908), Paris, UGC, 1976.

—, *La Guerre des vampires* (1909), Paris, UGC, 1976.

LEROUX, Gaston, *La Poupée sanglante*, Paris, Taillandier, 1924).

MANNHEIM, Karl, *Vampires of Venus*, Manchester, Pamberton, 1950.

MOORE, Catherine Lucille, *Julhi* (1933), dans *Shambleau*, Paris, J'ai Lu, 1972.

—, *Shambleau* (1935), dans *Shambleau*, Paris, J'ai Lu, 1972.

MOSELLI, José, *La Fin d'Illa* (1925), Bruxelles, Grama, 1994.

OWEN, Thomas, *Le Péril* (1943), dans *Vampire Story*, Paris, Fleuve Noir, 1994.

QUINN, Seabury, *The Silver Countess*, dans *Weird Tales*, octobre 1929.

—, *Mortmain*, dans *Weird Tales*, janvier 1940.

RACHILDE, (Marguerite VALETTE), *La Buveuse de sang*, dans *Contes et nouvelles*, Paris, Mercure de France, 1900.

—, *Le Grand Saigneur*, Paris, Flammarion, 1922.

RAY, Jean (Raymond Jean-Marie de KREMER), *Le Gardien du cimetière*, dans *Ciné*, 1919.

—, *Le Vampire aux yeux rouges* (1935), dans *Harry Dickson* IV, Marabout, 1977.

ROSNY aîné, J.H. (J.H.H. BOËX), *La Jeune Vampire*, dans *La Vampire de Bethnal Green*, Paris, Éditions Albert, 1935.

ROUSSEAU, Victor, *A Cry from Beyond*, dans *Strange Tales*, septembre 1931.

ROWAN, Victor, *Quatre pieux de bois* (*Four Wooden Stakes*, 1925), dans *Histoires anglo-saxonnes de vampires*, Paris, Librairie des Champs-Élysées, 1978.

—, *Le vampire qui chante* (1936), dans *Harry Dickson* I, Marabout, 1965.

SMITH, Clark Ashton, *L'Enchanteresse de Sylaire* (*The Enchantress from Sylaire*, 1941), dans *Histoires anglo-saxonnes de vampires*, Paris, Librairie des Champs-Élysées, 1978.

—, *La Fin de l'histoire* (*The End of the Story*, 1930), dans *Histoires anglo-saxonnes de vampires*, Paris, Librairie des Champs-Élysées, 1978.

STOKER, Bram, *La Dame au linceul* (*The Lady of the Shroud*, 1909), Babel/Actes Sud, 1993.

—, *L'Invité de Dracula* (*Dracula's Guest*, 1914), dans *Dracula*, Verviers, Marabout, 1993.

STROBL, Karl Hans, *Le Mausolée du Père-Lachaise* (*Das Grabmal auf dem Père-Lachaise*, 1913), dans *Trois Saigneurs de la nuit* n° 3, Paris, NeO, 1986.

STURGEON, Theodore, *Le Professeur et l'ours en peluche* (*The Professor's Teddy Bear*, 1948), dans *Histoires d'horreur*, *Fiction* spécial n° 10, 1966.

VIDAL, Gore, *A Search for the King*, New York, Dutton, 1950.

VIERECK, George Sylvester, *La Maison du vampire* (*The House of the Vampire*, 1907), Dole, La Clef d'argent, 2003.

WELLMAN, Manly Wade, *On ne raille pas le diable* (*The Devil is not Mocked*, 1943), dans *Trois Saigneurs de la nuit* n° 3, Paris, NeO, 1988.

—, *Pendant que luisait la lune* (*When it Was Moonlight*, 1940), dans *Trois Saigneurs de la nuit*, Paris, NeO, 1986.

WHARTON, Edith, *L'Ensorcelé* (*Bewitched*, 1925), dans *Vampires : Dracula et les siens*, Paris, Omnibus, 1997.

WILKINS-FREEMAN, Mary, *Luella Miller* (1902), dans *Vampires : Dracula et les siens*, Paris, Omnibus, 1997.

XXe siècle (seconde moitié)

AGAPIT, Marc, *La Bouche d'ombre*, Paris, Fleuve Noir, 1973.

—, *La Goule*, Paris, Fleuve Noir, 1968.

AICKMAN, Robert, *Extraits du journal d'une adolescente* (*Pages from A Young Girl's Journal*, 1973), dans *Fiction* n° 270, juin 1976.

ALDISS, Brian, *Dracula Unbound*, New York, Harper Collins, 1991.

ALLEN, Woody, *Le Comte Dracula* (*Count Dracula*, 1971), dans *Pour en finir une bonne fois pour toutes avec la culture*, Paris, Solar, 1973.

ANDAHAZI, Federico, *La Villa des mystères* (*Las Padiosas*, 1998), Paris, Éditions Métaillé, 2000.

BENACQUISTA, Tonino, *Les Morsures de l'aube*, Paris, Rivages, 1992.

BLOCH, Robert, *The Scent of Vinegar* (1994), dans *Girl's Night Out,* New York, Barnes & Noble, 1997.

BRADBURY, Ray, *La Grande Réunion* (*Homecoming*), dans *Le Pays d'octobre*, Paris, Denoël, 1957.

BRÈQUE, Daniel, *La Grosse Dame*, dans *Territoires de l'Inquiétude*, n° 4, Paris, Denoël, 1992.

BRITE, Poppy Z., *Âmes perdues* (*Lost Souls*, 1992), Paris, Albin Michel, 1996.

BROWN, Fredric, *Du sang!* (*Blood*, 1955), dans *Histoires anglo-saxonnes de Vampires*, Paris, Librairie des Champs-Élysées, 1968.

BURKE, John Fredrick, *Dracula, Prince of Darkness*, dans *The Second Hammer Horror Film Omnibus*, Londres, Pan Books, 1967.

CAMPBELL, Ramsey, *Conversion*, dans *The Rivals of Dracula*, Londres, Corgi, 1977.

CARLISLE, Robin, *Blood and Roses*, New York, Hillman, 1960.

CHARNAS, Susy McKee, *Un vampire ordinaire* (*The Vampire Tapestry*, 1980), Paris, Robert Laffont, 1982.

CHETWYND-HAYES, Ronald, *Dracula's Children*, Londres, William Kimber, 1987.

—, *The House of Dracula*, Londres, William Kimber, 1987.

—, *The Labyrinth*, dans *The Elemental*, Londres, Fontana, 1974.

—, *The Monster Club*, Londres, New English Library, 1975.

COMPÈRE, Gaston, *Le Cercueil Z 14*, dans *Trois Saigneurs de la nuit*, Paris, NéO, 1986.

—, *In Dracula Memoriam*, Bruxelles, Le Cri édition, 1998.

CRAWFORD, F. Marion, *Car le sang est la vie* (*For the Blood is the Life*, 1905), dans *Les Cent ans de Dracula*, Paris, Librio, 1997.

DA COSTA, Lima, *Sun of Dracula*, dans *Famous Monsters*, juin 1961.

DADEY, Debbie, JONES, Marcia Thornton, *Dracula Doesn't Drink Lemonade*, New York, Scholastic, 1995.

DANIELS, Les, *Le Vampire de la Sainte Inquisition* (*The Black Castle*, 1978), Paris, J'ai Lu, 1992. Autres romans, *The Silver Skull* (1979, *Citizen Vampire* (1979), *Yellow Fog* (1986), *No Blood Spilled* (1991).

DANIELS, Philip, *The Dracula Murders*, Londres, Robert Hale, 1983.

DICK, Philip K., *La Dame aux biscuits* (*The Cookie Lady*, 1953), dans *Histoires préférées du maître ès crimes*, Paris, Presses Pocket, 1981.

DOZOIS, Gardner, DANN, Jack, *Plus morts que morts-vivants* (*Down among the Dead Men*, 1982), dans *Trois Saigneurs de la nuit* n° 2, Paris, NéO, 1986.

DRAKE, David, *Il fallait faire quelque chose* (*Something Had to Be Done*, 1975), dans *Trois Saigneurs de la nuit* n° 2, Paris, NeO, 1986.

ELLISON, Harlan, *Essaie donc un couteau émoussé* (*Try a Dull Knife*, 1968), dans *Territoires de l'inquiétude*, n° 4, Paris, Denoël, 1992.

ELROD, P.N., *Moi Strahd. Journal d'un vampire* (*I, Strahd. The Memoirs of a Vampire*, 1993), Paris, Fleuve Noir, 1997.

—, *II, Strahd. The War against Azalin,* Renton, TSR, 1998.

FAIVRE D'ARCIER, Jeanne, *Rouge flamenco. Biographie d'un vampire*, Levallois-Perret, Éditions Manya, 1993.

FARRACHI, Armand, *Un amour de Dracula*, Paris, Barrault, 1987.

FINNEY, Jack, *L'Invasion des profanateurs* (*Invasion of the Body Snatchers*, 1955), Paris, Denoël, 1977.

FORD, John M., *The Dragon Waiting*, New York, Simon & Shuster, 1983.

GARDNER, Craig Shaw, *The Lost Boys*, New Yorl, Berkley, 1987.

GILBREATH, Alan, *Galen*, Memphis, Ronin Enterprises, 1997.

GOLDEN, Christie, *Vampire des Brumes* (*Vampire of the Mists*, 1991), Paris, Fleuve Noir, 1994.

GOLDEN, Christopher, *Des saints et des ombres* (*Of Saints and Shadows*, 1994), Paris, Presses Pocket, 1995.

GOULART, Ron, Série Vampirella : *Bloodstalk* (1975), *On Alien Wings* (1975), *Deadwalk* (1976), *Blood Wedding*, (1976), *Deathgame* (1976), *Snakegod* (1976).

GRIPARI, Pierre, *Le Vampire de la place Rouge*, dans *Pedigree du Vampire*, Lausanne, L'Âge d'homme, 1977.

HAMILTON, Laurell K., Série Anita Blake : *Guilty Pleasures* (1993), *The Laughing Corpse* (1994) ; *Circus of the Damned* (1995), *The Lunatic Café* (1996), *Bloody Bones* (1996), *The Killing Dance* (1997), *Burnt Offerings* (1998), *Blue Moon* (1999), *Obsidian Buttterfly* (2000).

HAWKE, Simon, *The Dracula Caper*, New York, Ace Books, 1988.

HÉBERT, Anne, *Héloïse*, Paris, Éditions du Seuil, 1980.

HERBERT, James, *48* (1997), Paris, Presses de la Cité, 1999.

HOLLAND, Tom, *Deliver Us from Evil*, Londres, Little, Brown & Co, 1997.

—, *La Malédiction des pharaons* (*The Sleeper in the Sand*, 1998), Paris, Presses de la Cité, 1999.

HOWARD, Richard, *Dies Irae*, dans *The Vampire Bedside Companion*, Londres, Leslie Frewin, 1975.

HUTSON, Shaun, *Érèbe ou les verts pâturages* (*Erebus*, 1984), Paris, Fleuve Noir, 1986.

JOHNSTONE, Richard A., *Mr. Alucard* (1964), dans *Nouvelles Histoires d'outre-monde*, Paris, Casterman, 1967.

KAST, Pierre, *Les Vampires de l'Alfama*, Paris, Olivier Durban, 1975.

KING, Stephen, *Salem* (*Salem's Lot,* 1975), Paris, Jean-Claude Lattès, 2005.

—, *L'Oiseau de nuit* (*The Night Flier*, 1988) dans *13 histoires diaboliques*, Paris, Albin Michel, 2000.

KLAUSE, Annette Curtis, *La Solitude du buveur de sang* (*Silver Kiss*, 1990), Paris, Pocket, 1994.

KLOTZ, Claude, *Paris Vampire*, Paris, Jean-Claude Lattès, 1974.

KNIGHT, Amarantha, *The Darker Passions : Dracula*, New York, Masquerade, 1993.

KOONTZ, Dean, *L'Interrogatoire* (*The Interrogation*, 1987), dans *Ténèbres*, n° 10, juin-août 2000.

LAWS, Stephen, *Gideon* (1993), Paris, Presses de la Cité, 1994.

LEE, Tanith, *The Janfia Tree*, dans *Blood is Not Enough*, New York, William Morrow, 1989.

—, *Sabella, ou la pierre de sang* (*Sabella, or The Blood Stone,* 1982), Paris, Opta, 1992.

—, *Volkhavaar*, Londres, Hamlyn, 1977.

LIMAT, Maurice, *Moi, vampire*, Paris, Fleuve Noir, 1966.

LITTLE, Bentley, *The Summoning*, New York, Zebra, 1993.

LORY, Robert, *Dracula Returns*, New York, Pinnacle Books, 1973. Autres romans : *The Hand of Dracula* (1973), *Dracula's Brothers*, 1973, *Dracula's Gold*, 1973, *The Drums of Dracula* (1974), *The Witching of Dracula* (1974), *Dracula's Lost World* (1974), *Dracula's Disciple* (1975), *Challenge to Dracula* (1975).

LUMLEY, Brian, *Necroscope* (1986), Bruxelles, Claude Lefrancq, 1997.

MACDONALD, Philip, *Le Vampire* (*Murders Gone Mad*, 1931), Paris, Minerve, 1987.

MARASCO, Robert, *Notre vénérée chérie* (*Burnt Offerings*, 1973), Paris, NeO, 1986.

MARK, Tony, *L'Autre Dracula*, Paris, Éditions Blanche, 1997.

MASTERTON, Graham, *Bridal Suite*, dans *New Terrors 1*, Londres, Pan Books, 1980.

MATHESON, Richard, *Bois mon sang* (*Drink My Red Blood*, 1951), dans *Trois Saigneurs de la nuit*, Paris, NeO, 1986.

—, *Je suis une légende* (*I Am Legend*, 1954), Paris, Denoël, 1987.

—, *Funérailles* (*The Funeral*, 1955), dans *Fiction* n° 27, février 1956.

MATHESON, Richard Christian, *Vampire* (1986), dans *Territoires de l'inquiétude*, n° 4, Paris, Denoël, 1992.

MONETTE, Paul, *Nosferatu*, New York, Avon, 1979.

MONTELEONE, Thomas, *Lyrica*, (1987), Paris, J'ai Lu, 1992.

MOORCOCK, Michael, *Stormbringer*, New York, Daw Books, 1977.

MORALES, Adelaida Garcia, *La Logique du vampire* (*La Lógica del vampiro*, 1989), Paris, Denoël, 1991.

MUNO, Jean, *La Voix du sang*, dans *Histoires singulières*, Bruxelles, Jacques Antoine, 1979.

MURDOCH, Iris, *An Accidental Man*, Londres, Chatto & Windus, 1963.

MUSCHG, Adolf, *La Lumière et la clef* (*Das Licht und der Schlüssel*, 1984), Paris, Gallimard, 1986.

NEIDERMAN, Andrew, *Love Child*, New York, Tor Books, 1986.

NESVABDA, Joseph, *Vampires Ltd.* (1964), dans *Vampire Stories*, Micharel O'Mara, 1992.

NEWMAN, Kim, *Anno Dracula* (1992), Paris, J'ai Lu, 1999. Autres romans : *Le Baron rouge sang* (*The Bloody Red Baron*, 1998), *Le Jugement des larmes* (*Judgment of Tears*, 1998).

OWEN, Dean, *The Brides of Dracula*, Derby, Monarch, 1960.

PAGE, Gerald, *The Tree*, dans *Magazine of Horror*, août 1965.

PELOSATO, Alain, *Ruines*, Pantin, Naturellement, 1999.

PERUCHO, Joan, *Les Històries naturals*, Barcelone, Ediciones Destino, 1960.

POWERS, Tim, *Le Poids de son regard* (*The Stress of Her Regard*, 1989), Paris, J'ai Lu, 1994.

PTACEK, Kathryn, *In Silence Sealed*, New York, Tom Doherty, 1985.

RAVEN, Simon, *Doctors Wear Scarlet*, Londres, Anthony Blond, 1960.

RAYJEAN, M.A. (Jean LOMBARD), *La Bête du néant*, Paris, Fleuve Noir-Angoisse, 1970.

REEVES-STEVENS, Garfield, *Contrat sur un vampire* (*Bloodshift*, 1981), Paris, Pocket, 1993.

RENARD, Christine, *La Mante au fil des jours*, Verviers, André Gérard-Marabout, 1977

RICE, Anne, *Entretien avec un vampire* (*Interview with the Vampire*, 1976), Paris, Jean-Claude Lattès, 1978. Autres romans : *Lestat le vampire* (*The Vampire Lestat*, 1988), *La Reine des damnés* (*The Queen of the Damned*, 1990), *Armand le vampire* (*The Vampire Armand*, 1998), *Pandora*, (1998), *Vittorio the Vampire* (1999), *Merrick* (2000).

RICE, Doug, *Blood of Mugwump*, Illinois State University, 1996.

ROMERO, George et SPARROW, Susan, *Martin*, New York, Stein & Day, 1977.

ROSE, Jeanne, *Nuits magnétiques* (*Goodnight My Love*, 1996), Paris, Harlequin, 1997.

RUDDY, John, *The Bargain*, New York, Knightsbridge, 1990.

RUDORFF, Raymond, *Les Archives des Dracula* (*The Dracula Archives*, 1971), Paris, Denoël, 1971.

RUELLAN, André, *On a tiré sur le cercueil*, Paris, Denoël, 1997.

RUSSELL, Eric Frank, *Guerre aux invisibles* (*Sinister Barrier*, 1939), Paris, Hachette/Gallimard, 1952.

RYAN, Shawn, *Nocturnas*, New York, Pocket, 1995.

SABERHAGEN, Fred, *Les Confessions de Dracula* (*The Dracula Tape*, 1975), Paris, Pocket, 1995. Autres romans : *Le Dossier Holmes-Dracula* (*The Holmes, Dracula File*, 1978), *Un vieil ami de la famille* (*An Old Friend of the Family*, 1979), *Un amour de Dracula* (*Thorn*, 1980), *Dracula et les spirites* (*Seance for a Vampire*, 1994), *A Sharpness in the Neck* (1996).

SAXON, Peter, *Les Vampires du Finistère* (*The Vampires of Finistère*, 1970), Paris, Galliéra, 1973.

SEIGNOLLE, Claude, *Le Chupador*, Paris, Éditions pédagogiques modernes, 1960.

—, *Pauvre Sonia*, dans *La Nuit des Halles*, Paris, Maisonneuve, 1965.

SIMMONS, Dan, *L'Échiquier du mal* (*Carrion Comfort*, 1989), Paris, Denoël, 1992.

—, *Les Fils des ténèbres* (*Children of the Night*, 1992), Paris, Albin Michel, 1994.

SMITH, Clark Ahton, *Morthylla* (1953), dans *La Grande Anthologie du fantastique*, tome 3, Paris, Omnibus, 1997.

SMITH, Evelyn E., *La Jeune Fille et le vampire* (*Softly While You're Sleeping*, 1961), dans *Fiction* n° 112, 1963.

SMITH, Martin Cruz, *Le Vol noir* (*Nightwing*, 1977), Paris, Presses de la Cité, 1978.

SOMTOW, S.P., *Vampire Junction* (1984), Paris, J'ai Lu, 1993.

STABLEFORD, Brian, *The Empire of Fear*, Londres, Simon & Shuster, 1988.

STEAKLEY, John, *Vampires* (*Vampire$*, 1990), Paris, Pocket, 1998.

STEINER, Kurt (André RUELLAN), *Syncope blanche*, Paris, Fleuve Noir, 1958.

ST GEORGE, Margaret, *Peur sur les ondes* (*Love Bites*, 1995), Paris, Harlequin, 1988.

STRAUB, Peter, *Ghost Story* (1979), Paris, Seghers, 1979.

STRIEBER, Whitley, *Les Prédateurs* (*The Hunger*, 1981), Paris, J'ai Lu, 1983.

STURGEON, Theodore, *Un peu de ton sang* (*Some of Your Blood*, 1961), Paris, Éditions Télémaque, 2008.

SWANWICK, Michael, *Le Baiser du masque* (*In the Drift*, 1985), Paris, Denoël, 1988.

SYMONS, Julian, *The Players and the Game*, Londres, Collins, 1972.

TENNANT, Emma, *The Bad Sister*, New York, Coward, McCann & Gohegan, 1978.

TONKIN, Peter, *Le Journal d'Edwin Underhill* (*The Journal of Edwin Underhill*, 1981), Paris, Seghers, 1983.

TREMAYNE, Peter, *The Revenge of Dracula*, Londres, Bailey Bros. & Swinfen, 1978. Autres romans : *Dracula Unborn* (1980), *Dracula, My Love* (1980).

WILLIAMSON, Chet, *To Feel Another's Woe*, dans *Blood is Not Enough*, New York, William Morrow, 1989.

WILLIAMSON, J.N., *Vladimir's Conversion*, dans *Celebrity Vampires*, New York, Daw Books, 1995.

WILSON, Colin, *Les Parasites de l'esprit* (*The Mind Parasites,* 1960), Paris, NeO, 1980.

—, *Les Vampires de l'espace* (*The Space Vampires*, 1986), Paris, Albin Michel, 1978.

WILSON, David Niall, *This is My Blood*, Black River, Terminal Fright Press, 1999.

WILSON, F. Paul, *La Forteresse noire* (*The Keep*, 1981), Paris, Presses Pocket, 1993.

WRIGHT, T. Lucien, *Thirst of the Vampire*, New York, Pinnacle Books, 1992.

YARBRO, Chelsea Quinn, *Le Comte de Saint-Germain* (*Hotel Transylvania*, 1978), Éditions Arda, 1998. Autres romans : *The Palace* (1978), *A Flame in Byzantium* (1987), *Crusader's Torch* (1988) et *In the Face of Death* (2004).

YEOVIL, Jack (Kim NEWMAN), Série *Warhammer* : *Beasts in Velvet* (1994), *Drachenfels* (1993), *Genevieve Undead* (1993).

ZELAZNY, Roger, *Le Maître des ombres* (*Jack of Shadows*, 1972), Paris, Pocket, 1978.

XXIe siècle

BOUSQUET, Charlotte, *Lettres aux ténèbres*, Auch, Le Calepin jaune, 2008.

CHINTESCO, Manou, *Les Compagnons d'Hela*, Aix-en-Provence, Nestiveqnen, 2004.

CLARK, Simon, *Vampyrrhic*, Londres, New English Library, 1998.

DEDMAN, Stephen, *Shadows Bite*, New York, Tor Books, 2001.

HAMILTON, Laurell K., Série Anita Blake (suite) : *Narcissus in Chains* (2001), *Cerulean Sins* (2002), *Incubus Dreams* (2004), *Micah* (2006), *Danse Macabre* (2007), *The Harlequin* (2007), *Blood Noir* (2008).

HARRIS Charlaine, Série *Southern Vampires* : *Dead until Dark* (2001), *Living Dead in Dallas* (2002), *Club Dead* (2003), *Dead to the World* (2004), *Dead as a Doornail* (2005), *Definitely Dead* (2006), *All Together Dead* (2007), *From Dead to Worse* (2008).

LEDESMA, Francisco González, *La Ville intemporelle, ou le vampire de Barcelone* (*La Ciudad sin tiempo*, 2007), Nantes, L'Atalante, 2008.

LINDQVIST, John Alvide, *Let the Right One Come in* (*Låt den Rätte Komma in*, 2004), Londres, Quercus, 2007.

LOUKANIENKO, Sergueï, *Night Watch, les Sentinelles de la nuit* (*Ночной Дозор*, 1998), Paris, Albin Michel, 2006. Autres romans : *Day Watch* (*Дневной Дозор*, 2000), *Twilight Watch* (*Сумеречный Дозор*, 2004), *Final Watch* (*Последний Дозор*, 2007).

MASTERTON, Graham, *Descendant*, New York, Leisure Books, 2006.

—, *Manitou Blood*, New York, Leisure Books, 2005.

MEYER, Stephenie, *Fascination* (*Twilight*, 2005), Paris, Hachette, 2005. Autres romans : *Tentation* (*New Moon*, 2006), *Hésitation*, (*Éclipse*, 2007), *Révélation* (*Breaking Dawn*, 2007).

PAULY, Françoise-Sylvie, *L'Invitée de Dracula*, Paris, Denoël, 2001.

VARGAS, Fred, *Un lieu incertain*, Éditions Viviane Hamy, 2008.

FILMOGRAPHIE SÉLECTIVE

À la recherche de Dracula (*In Search of Dracula – Pa jack efter Dracula*), documentaire de Calvin Floyd (Suède/États-Unis), 1971, avec la participation de Christopher Lee.

Addiction (*The*) d'Abel Ferrara (États-Unis), 1995, avec Christopher Walken, Lily Taylor et Paul Calderon.

Ailes de la nuit (*Les*) (*The Night Flier*) de Mark Pavia (États-Unis), 1997, avec Miguel Ferrer.

Ataud del vampiro (*El*) de Fernando Mendez (Mexique), 1958, avec Germán Robles.

Aux frontières de l'aube (*Near Dark*) de Kathryn Bigelow (États-Unis), 1987, avec Jenny Wright, Lance Heriksen, et Adrian Pasdan.

Baiser du vampire (*Le*) (*Kiss of the Vampire*) de Don Sharp (Grande-Bretagne), 1962, avec Clifford Evans.

Bal des vampires (Le) (*Dance of the Vampires – The Fearless Vampire Killers*) de Roman Polanski (États-Unis), 1967, avec Roman Polanski, Sharon State et Ferdy Mayne.

Blacula de William Crain (États-Unis), 1972, avec William Marshall et Vonetta McGee.

Blade de Stephen Norrington (États-Unis), 1998, avec Wesley Snipes, Stephen Dorff et Udo Kier.

Buffy tueuse de vampires (*Buffy the Vampire Killer*) de Fran Ruben Kuzui (États-Unis), 1992, avec Kristy Swanson, Donald Sutherland et Rutger Hauer.

Cauchemar de Dracula (*Le*) (*Horror of Dracula*) de Terence Fisher (Grande-Bretagne), 1958, avec Christopher Lee (Dracula), Peter Cushing, Carol Marsh et Michael Gough.

Charlots contre Dracula (Les) de Pierre Désagnat (France), 1980, avec les Charlots, Amélie Prévost et Gérard Jugnot.

Chronos de Guillermo Navarro (Mexique), 1992, avec Frederico Luppi et Ron Perlman.

Cicatrices de Dracula (Les) (The Scars of Dracula) de Roy Ward Baker (Grande-Bretagne), 1970, avec Christopher Lee (Dracula), Jenny Hanley et Dennis Waterman.

Cirque des vampires (Le) (Vampire Circus), 1972, de Robert Young (Grande-Bretagne).

Cœur pétrifié : Carmilla (Le), téléfilm de Paul Planchon (France), 1988, avec Emmanuelle Messignac (Carmilla), Aurelle Doazan et André Pomarat.

Count Dracula, téléfilm de Philip Saville (Grande-Bretagne), 1978, avec Louis Jourdan (Dracula).

Countess Dracula de Peter Sasdy (Grande-Bretagne), 1970, avec Ingrid Pitt (la comtesse Báthory).

Deux Nigauds contre Frankenstein (Abbot and Costello Meet Frankenstein) de Charles. T. Barton (États-Unis), 1948, avec Bela Lugosi (Dracula) et Lon Chaney Jr.

Devil Bat (The) de Jean Yarbrough (États-Unis), 1940, avec Bela Lugosi et Suzanne Kaaren.

Devil is not Mocked (The), téléfilm de Gene Kearney (États-Unis), 1971, avec Francis Lederer (*Dracula*) et Helmut Dantine.

Dracula de Tod Browning (États-Unis), 1930, avec Bela Lugosi (Dracula), Helen Chandler, Edward Van Sloan et Dwight Frye.

Dracula de George Melford (États-Unis), 1930, avec Carlos Villarias (Dracula).

Dracula de John Badham (États-Unis), 1979, avec Frank Langella (Dracula), Laurence Olivier et Donald Pleasence.

Dracula (Bram Stoker's Dracula) de Francis Ford Coppola (États-Unis), 1992, avec Gary Oldman (Dracula), Anthony Hopkins, Wynona Ryder et Keanu Reeves.

Dracula 2001 (Dracula 2000) de Patrick Lussier (États-Unis), 2000, avec Gerard Butler (Dracula), Colleen Fitzpatrick et Christopher Plummer.

Dracula et les femmes (Dracula Has Risen from the Grave) de Freddie Francis (Grande-Bretagne), 1968, avec Christopher Lee (Dracula), Veronica Carlson et Rupert Davis.

Dracula et ses femmes vampires (*Dracula*), téléfilm de Dan Curtis (États-Unis/Grande-Bretagne), 1973, avec Jack Palance (Dracula), Simon Ward et Nigel Davenport.

Dracula mort et heureux de l'être (*Dracula : Dead and Loving It*) de Mel Brooks (États-Unis), 1995, avec Leslie Nielsen (Dracula), Mel Brooks et Stephen Weber.

Dracula. Pages tirées du journal d'une vierge (*Dracula. Pages from a Virgin's Diary*) de Guy Maddin (Canada), 2002, avec Wei-Qiang Zang (Dracula).

Dracula, père et fils d'Édouard Molinaro (France), 1974, avec Christopher Lee (Dracula), Bernard Menez et Marie-Hélène Breillat.

Dracula, prince des ténèbres (*Dracula, Prince of Darkness*) de Terence Fisher (Grande-Bretagne), 1965, avec Christopher Lee (Dracula), Barbara Shelley et Andrew Keir.

Dracula 73 (*Dracula A.D. 72*) d'Alan Gibson (Grande-Bretagne), 1972, avec Christopher Lee (Dracula), Peter Cushing et Caroline Munro.

Dracula vit toujours à Londres (*The Satanic Rites of Dracula*) d'Alan Gibson (Grande-Bretagne), 1973, avec Christopher Lee (Dracula), Peter Cushing et Joanna Lumley.

Drakula Istanbulda de Mehmet Muhtar (Turquie), 1953, avec Atif Kaptan.

Du sang pour Dracula (*Andy Warhol's Dracula*) de Paul Morrissey (Italie/France), 1973, avec Udo Kier (Dracula), Vittorio de Sica et Roman Polanski.

Elegy for a Vampire, téléfilm de Don McDougall (États-Unis), 1972.

Embrasse-moi vampire (*Vampire's Kiss*) de Robert Bierman (États-Unis), 1989, avec Nicholas Cage et Elizabeth Ashle.

Enfants de Salem (*Les*) (*Return to Salem's Lot*) de Larry Cohen (États-Unis), 1987, avec Michael Moriarty (Barlow), Samuel Fuller et Andrew Duggan.

Entretien avec un vampire (*Interview with the Vampire*) de Neil Jordan (États-Unis), 1994, avec Brad Pitt (Louis), Tom Cruise (Lestat), Antonio Banderas et Kirsten Dunst.

Et mourir de plaisir de Roger Vadim (France/Italie), 1960, avec Annette Vadim, Elsa Martinelli et Mel Ferrer.

Fille de Dracula (*La*) (*Dracula's Daughter*) de Lambert Hillyer (États-Unis), 1936, avec Gloria Holden, Edward Van Sloan et Otto Kruger.

Fils de Dracula (*Le*) (*Son of Dracula*) de Robert Siodmak (États-Unis), 1943, avec Lon Chaney Jr. (comte Alucard).

Forteresse noire (La) (*The Keep*) de Michael Mann (États-Unis), 1984, avec Scott Glenn, Alberta Watson et Michael Carter.

Fille de Dracula (*La*) (*Dracula's Daughter*) de Lambert Hillyer, (États-Unis), 1936.

Funeral (*The*), téléfilm de John Mereyth Lucas (États-Unis), 1971, avec Werner Klemperer et Joe Flynn.

Génération perdue (*The Lost Boys*) de Joel Schumacher (États-Unis), 1987, avec Kiefer Sutherland.

Girl with the Hungry Eyes (*The*), téléfilm de John Badham (États-Unis), 1972, avec Joanna Pettet, James Farantino et John Astin.

Gran Amor del Conde Drácula (*El*) de Javier Aguirre (Espagne), 1972, avec Paul Naschy (Dracula), Haydee Politoff et Rossana Yani.

Innocent Blood de John Landis (États-Unis), 1992, avec Anne Parillaud et Robert Loggia.

Incense for the Damned de Robert Hartford-Davis (Grande-Bretagne), 1970, avec Peter Cushing, Madeleine Hinde et Patrick Mower.

Je suis une légende (*I Am Legend*) de Francis Lawrence (États-Unis), 2007, avec Will Smith.

Last Man on Earth (*The*) de Sidney Salkow (Italie/États-Unis) 1964, avec Vincent Price.

Légende des ténèbres (*La*) (*Daughter of Darkness*), téléfilm de Stuart Gordon (États-Unis), 1990, avec Anthony Perkins et Mia Sara.

Leonor de Juan-Luis Bunuel (France/Espagne/Italie), 1974, avec Michel Piccoli, Liv Ullmann et Ornella Mutti.

Lèvres rouges (*Les*) de Harry Kümel (France/Belgique/Allemagne), 1971, avec Delphine Seyrig (la comtesse Báthory).

Life Force de Tobe Hooper (États-Unis), 1985, avec Mathilda May, Peter Firth et Frank Finlay.

Londres la nuit (*London after Midnight*) de Tod Browning (États-Unis), 1927, avec Lon Chaney.

Lust for a Vampire de Jimmy Sangster (Grande-Bretagne), 1970, avec Yutte Stengaard (Carmilla), Ralph Bates et Mike Raven.

Maison de Dracula (La) (*House of Dracula*) d'Erle C. Kenton (États-Unis), 1945, avec John Carradine (Dracula), Lon Chaney Jr. et Lionel Atwill.

Maison de Frankenstein (La) (*House of Frankenstein*) d'Erle C. Kenton (États-Unis), 1944, avec John Carradine (Dracula), Boris Karloff et Lon Chaney Jr.

Maîtresses de Dracula (Les) (The Brides of Dracula) de Terence Fisher (Grande-Bretagne), 1960, avec David Peel, Peter Cushing, Yvonne Montlaur et Martita Hunt.

Marque du vampire (La) (*Mark of the Vampire*) de Tod Browning (États-Unis), 1935, avec Bela Lugosi, Lionel Barrymore et Carole Borland.

Martin de George Romero (États-Unis), 1978, avec John Ampala, Lincoln Maazel et George Romero.

Messe pour Dracula (*Une*) (*Taste the Blood of Dracula*) de Peter Sasdy (Grande-Bretagne), 1970, avec Christopher Lee (Dracula), Linda Hayden et Ilsa Blair.

Masque du démon (*Le*) (*La Maschera del demonio*) de Mario Bava (Italie), 1960, avec Barbara Steele et John Richardson.

Mon fils, le vampire (*Mother Riley Meets the Vampire*) de John Gilling (États-Unis), 1952, avec Bela Lugosi (Dracula) et Kitty McShane.

Morse (*Låt den Rätte Komma in – Let the Right One in*) de Thomas Alfredson (Suède), 2008, avec Lina Leandersson (Eli), Kare Hedebrant et Per Ragnar.

Morsures de l'Aube (*Les*) d'Antoine de Caunes (France), 2000, avec Guillaume Canet, Asia Argento et Gérard Lanvin.

Nadja de Michael Almereyda (États-Unis), 1995, avec Peter Fonda (Dracula), Suzy Amis et David Lynch.

Night Watch (*Ночной Дозор*) de Timour Bekmambetov (Russie), 2005.

Nosferatu, le vampire (*Nosferatu, oder Eine Symphonie des Grauens*) de Friedrich Wilhelm Murnau (Allemagne), 1922, avec Max Shreck (Nosferatu).

Nosferatu, fantôme de la nuit (*Nosferatu, Phantom der Nacht*) de Werner Herzog (Allemagne/France), 1979, avec Klaus Kinski (Nosferatu), Isabelle Adjani et Bruno Ganz.

Nosferatu a Venezia de Augusto Caminito (Italie), 1988, avec Klaus Kinski (Nosferatu), Donald Pleasence et Barbara de Rossi.

Novia ensangrentada (*La*) de Vincente Aranda (Espagne), 1972, avec Alexandra Bastedo (Carmilla), Simon Andreu et Maribel Martin.

Nuits de Dracula (*Les*) (*El Conde Dracula*) de Jesus Franco (Allemagne/Italie/Espagne), 1970, avec Christopher Lee (Dracula), Herbert Lom et Klaus Kinski.

Ombre du vampire (*L'*) (*Shadow of the Vampire*) d'E. Elias Merhige (États-Unis), 2000, avec Willem Dafoe, John Malkovitch, Udo Kier et Catherine McCormak.

Plan 9 from Outer Space d'Edward D. Wood Jr. (États-Unis), 1959, avec Bela Lugosi, Vampira et Gregory Walcott.

Prédateurs (*Les*) (*The Hunger*) de Tony Scott (États-Unis), 1983, avec Catherine Deneuve (Miriam), David Bowie et Susan Sarandon.

Reine des damnés (*La*) (*The Queen of the Damned*) de Michael Rymer (États-Unis), 2002, avec Aaliyah, Paul McGann et Vincent Perez.

Requiem pour un vampire de Jean Rollin (France), 1971, avec Marie-Pierre Castel, Mireille Dargent et Philip Gaste.

Return of the Vampire (*The*) de Lew Landers (États-Unis), 1943, avec Bela Lugosi et Nina Foch.

Rise de Sebastian Gutierrez (États-Unis), 2007, avec Lucy Liu, Michael Chicklis et James D'Arcy.

Sagesse des Crocodiles (*La*) (*The Wisdom of Crocodiles*) de Po-Chih Leong (Grande-Bretagne), 1998, avec Jude Law et Elina Lowensohn.

Sept vampires d'or (*Les*) (*The Legend of the Seven Golden Vampires*) de Roy Ward Baker (Grande-Bretagne/Hong Kong), 1974, avec John Forbes Robinson (Dracula) et Peter Cushing.

Sévices de Dracula (*Les*) (*Twins of Evil*) de John Hough (Grande-Bretagne), 1971, avec Peter Cushing.

Survivant (*Le*) (*The Omega Man)* de Boris Sagal (États-Unis), 1971, avec Charlton Heston.

Temps sont durs pour Dracula (*Les*) (*Vampira – Old Dracula*) de Clive Donner (États-Unis), 1974, avec David Niven (Dracula) et Veronica Carlsen.

Temps sont durs pour les vampires (*Les*) (*Tempi duri per i vampiri*) de Pio Angeletti (Italie), 1959, avec Christopher Lee, Sylva Koscina et Renato Rascel.

Tendre Dracula ou les confessions d'un buveur de sang de Pierre Grünstein (France), 1974, avec Peter Cushing (Dracula), Jean-Louis Trintignant et Bernard Menez.

Trente jours de nuit (*Thirty Days of Night*) de David Slade (États-Unis), 2007, avec Melissa George et Josh Hartnett.

Twilight 1 de Catherine Hardwicke (États-Unis), 2008, avec Kristen Stewart et Robert Pattison.

Underworld de Len Wiseman (États-Unis), 2003, avec Kate Beckinsale, Scott Speedman et Sophia Miles.

Une Nuit en enfer (*From Dusk till Dawn*) de Robert Rodriguez (États-Unis), 1996, avec George Clooney, Quentin Tarantino, Harvey Keitel et Salma Hayek.

Vamp de Richard Wenk (États-Unis), 1986, avec Grace Jones, Chris Makepeace Sandy et Robert Husler.

Vampire Affair (*The*), téléfilm d'Alf Kjellin (États-Unis), 1965, avec Robert Vaughn, David McCallum, Leo G. Carroll et Martin Landau.

Vampire de ces dames (*Le*) (*Love at First Bite*) de Stan Dragoti (États-Unis), 1979, avec George Hamilton (Dracula) et Susan Saint James.

Vampire de Düsseldorf (*Le*) de Robert Hossein (France), 1965, avec Robert Hossein et Marie-France Pisier.

Vampire Lovers (*The*) de Roy Ward Baker (Grande-Bretagne), 1970, avec Ingrid Pitt (Carmilla), Dawn Addams et Peter Cushing.

Vampires de John Carpenter (États-Unis), 1998, avec James Woods, Daniel Baldwyn, Sheryl Lee et Thomas Ian Griffith.

Vampires de Salem (*Les*) (*Salem's Lot*) de Tobe Hooper (États-Unis), 1979, avec Michael Moriarty (Barlow), James Mason, David Soul et Lance Kerwin.

Vampires, vous avez dit vampires ? (*Fright Night*) de Tom Holland (États-Unis), 1985, avec William Ragsale, Roddy McDowell et Chris Sarandon.

Vampiro (El) de Fernando Mendez (Mexique), 1959, avec German Robles.

Vampyr ou l'étrange aventure de David Gray de Carl Theodor Dreyer (France), 1932.

Van Helsing de Stephen Sommers (États-Unis), 2004, avec Hugh Jackman, Kate Beckinsale, Richard Roxburgh et Kevin O'Connor.

Vlad de Billy Zane (États-Unis), 2002, avec Francesco Quinn (Vlad), Billy Zane et Monica Davidescu.

BIBLIOGRAPHIE CRITIQUE

Textes anciens

BOYER D'ARGENS, *137e lettre*, dans *Lettres juives, ou correspondance philosophique, historique et critique,* La Haye, 1738.

CALMET, Dom Augustin, *Dissertation sur les revenants en corps, les excommuniés, les oupires ou vampires, broucolaques, etc.* (1751). Réédité par Jérôme Million, Grenoble, 1986.

DAVANZATI, Giuseppe, *Dissertatione sopra i vampiri*, Naples, 1744.

DESNOYERS, « Les Stryges de Hongrie », *Le Mercure galant*, mai 1693.

FLÜCKINGER, *Visum et Repertum*, 1732.

LAMBERTINI, Prospero (Benoît XIV), *De servorum Dei beatificatione et de Beatorum canonizatione*, Livre 4, Rome, 1749.

LAVATER, Louis, *De spectris, lemuribus, magnis atque insolitis fragoribus*, Genève, 1575.

RANFT, Michael, *Dissertatio historico-critica de masticatione mortuorum in tumulis*, Leipzig, 1725. Réédité par Jérôme Millon, Grenoble, 1995.

ROHR, Philip, *Dissertatio historico-philosophica de masticatione mortuorum*, Leipzig, 1679.

RZACZYNSKI, *Naturgeschichte Polens. Historia Regni Poloniae* 1722.

SCHERTZ, Ferdinand, *Magia posthuma*, Olmütz, 1704.

STOCK, Johannes, *Dissertatio physica de cadaveribus sanguisugis*, Iéna, 1732.

VOLTAIRE, article « Vampires », dans *Dictionnaire philosophique*, édition de Kehl, 1784-1787. Reproduit dans *Histoires de vampires* de Vadim, Paris, Laffont, 1961.
ZOPF, Johann Heinrich, *Dissertatio de vampyris serviensibus*, Duisburg, 1733.

Ouvrages sur le vampirisme (histoire, mythologie, sociologie, psychologie)

AMBELAIN, Robert, *Le Vampirisme*, Paris, Laffont, 1977.
ANDREESCO, Ioanna, *Où sont passés les Vampires ?*, Paris, Payot, 1997.
BARBER, Paul, *Vampires, Burial and Death. Folklore and Reality*, New Haven, Yale University Press, 1988.
BOURGOIN, Stéphane, *Les Confessions du Vampire de Düsseldorf*, Paris, Éditions Méréal, 1999.
BOURRE, Jean-Paul, *Le Culte du vampire aujourd'hui*, Nice, Alain Lefeuvre, 1978.
—, *Dracula et les vampires*, Monaco, Éditions du Rocher, 1981.
BRASEY, Édouard, *Traité de vampirologie par le docteur Abraham Van Helsing*, Paris, Le Pré aux clercs, 2009.
BROWN, David E., *Vampiro. The Vampire Bat in Fact and Fantasy*, Silver City, New Mexico, 1994.
CAZACU, Matei, *L'Histoire du prince Dracula en Europe centrale et orientale (XVe siècle)*, Genève, Librairie Droz, 1988.
—, *Dracula*, Paris, Taillandier, 2004.
COURAU, Laurent, *Vampyres. Quand la réalité dépasse la fiction*, Paris, Flammarion, 2006.
CREMENE, Adrien, *Mythologie du Vampire en Roumanie*, Monaco, Éditions du Rocher, 1981.
DELORME, Roger, *Les Vampires humains*, Paris, Albin Michel, 1979.
FAIVRE, Antoine, *Les Vampires*, Paris, Éric Losfeld, Le Terrain Vague, 1962.
FAIVRE, Antoine et MARIGNY, Jean (dir.), *Les Vampires*, Colloque de Cerisy, Paris, Albin Michel, « Les Cahiers de l'Hermétisme », 1994.
GERARD, Emily de Laszowska, « Transylvanian Superstitions », *Nineteenth Century Magazine*, juillet 1885.

—, *The Land beyond the Forest*, Londres, Blackwood, 1888.

LECOUTEUX, Claude, *Histoires de vampires, autopsie d'un mythe*, Paris, Imago, 1999.

LOPEZ, Gérard, *Le Vampirisme au quotidien. Réflexions sur Dracula et la psychologie des vampires*, L'Atelier de l'Archer, 1999.

MABERRY, Jonathan, *Vampire Universe*, New York, Kensington, 2006.

MCNALLY, Raymond T. et FLORESCU, Radu, *À la recherche de Dracula*, Paris, Laffont, 1973.

MARIGNY, Jean, *Sang pour sang. Le réveil des vampires*, Paris, Gallimard, « Découvertes », 1993.

MARKALE, Jean, *L'Énigme des vampires*, Paris, Pygmalion, « Bibliothèque de l'étrange », 1991.

MASCETTI, Manuela Dunn, *Le Livre des vampires*, Paris, Solar, 1993.

MASTERS, Anthony, *The Natural History of the Vampire*, Londres, Hart-Davis, 1972.

MELTON, J. Gordon, *The Vampire Book. The Encyclopedia of the Undead*, Detroit, Visible Ink Press, 1999.

MILLER, Elizabeth, *A Dracula Handbook*, Xlibris, 2005.

NOLL, Richard, *Vampires, Werewolves and Demons. Twentieth Century Reports in Psychiatric Literature*, New York, Brunner/Mazel, 1993.

PENROSE, Valentine, *La Comtesse sanglante*, Paris, Mercure de France, 1962.

RIBADEAU-DUMAS, François, *À la recherche des vampires*, Verviers, Marabout, 1976.

RONECKER, Jean-Paul, *B.A.-BA Vampires*, Puiseaux, Éditions Pardès, 1999.

SUMMERS, Montague, *The Vampire, His Kith and Kin*, Londres, Kegan Paul, Trench, Trubner & Co., 1928.

—, *The Vampire in Europe*, Londres, Routledge & Kegan Paul, 1929.

UNDERWOOD, Peter (dir.), *The Vampire's Bedside Companion*, Londres, L. Frewin, 1975.

VILLENEUVE, Roland, *Loups-garous et vampires*, Paris, J'ai Lu, 1970. Édition révisée et augmentée, Paris, Bordas, 1991.

VILLENEUVE, Roland, DEGAUDENZI, Jean-Louis, *Le Musée des vampires*, Paris, Henri Veyrier, 1976.

VIROUX, Pascal, *La Voie du Dragon ou La révélation du vampire*, Paris, Dervy, 2001.

VOLTA, Ornella, *Le Vampire*, Paris, Jean-Jacques Pauvert, 1962.

WILGOWICZ, Pérel, *Le Vampirisme. De la Dame blanche au Golem*, Meyzieu, Césura Lyon Édition, 1991.

Ouvrages sur les vampires dans la littérature et le cinéma

AUERBACH, Nina, *Our Vampires, Ourselves*, The University of Chicago Press, 1995.

BAK, John S. (éd.), *Postmodern Dracula. From Victorian Themes to Postmodern Praxis*, Newcastle, Cambridge Scholars Publishing, 2007.

BAZIN, Claire, CHAUVIN, Serge (dir.), *Dracula. L'œuvre de B. Stoker et le film de F. F. Coppola*, Nantes, Éditions du Temps, 2005.

BELLEMIN-NOËL, *Plaisirs de vampires. Gautier, Gracq, Giono*, Paris, PUF, 2001.

BILGER, Nathalie, *Anomie vampirique, anémie sociale. Pour une sociologie du vampire au cinéma*, Paris, L'Harmattan, 2002.

BOUVIER, Michel et LEUTRAT, Jean-Louis, *Nosferatu*, Paris, Gallimard, *Les Cahiers du cinéma*, 1981.

BYRON, Glennis (éd.), *Dracula*, New York, St. Martin's Press, « New Casebooks », 1999.

CARTER, Margaret L., *Shadow of a Shade. A Survey of Vampirism in Literature*, New York, Gordon Press, 1975.

—, *The Vampire in Literature. A Critical Bibliography*, Ann Arbor, University of Michigan Research Press, 1989.

DUPERRAY, Max, SIPIÉRE, Dominique, *Dracula. Bram Stoker & Francis Ford Coppola*, Paris, Armand Colin/CNED, 2005.

EIGHTEEN-BISANG, Robert, *Dracula. An Annotated Bibliography*, White Rock, Transylvania Press, 1994.

FARSON, Daniel, *The Man Who Wrote Dracula*, Londres, Michael Joseph, 1975.

FIÉROBE, Claude (dir.), *Dracula. Mythe et métamorphoses*, Villeneuve d'Ascq, Presses du Septentrion, 2005.

FINNÉ, Jacques, *La Bibliographie de Dracula*, Lausanne, L'Âge d'homme, 1986.

FROST, Daniel, *The Monster with a Thousand Faces. Guises of the Vampire in Myth and Literature*, Bowling Green State University Popular Press, 1989.

GELDER, Len, *Reading the Vampire*, Londres, Routledge, 1994.

GOENS, Jean, *Loups-garous, vampires et autres monstres. Enquêtes médicales et littéraires*, Paris, CNRS Éditions, 1993.

GRIVEL, Charles (dir.), *Dracula. De la mort à la vie*, *L'Herne* n° 68, 1997.

HOLTE, James Craig (dir.), *The Fantastic Vampire. Studies in the Children of the Night*, Newport, Greenwood Press, 2001.

JARROT, Sabine, *Le Vampire dans la littérature du XIX*[e] *au XX*[e] *siècle*, Paris, L'Harmattan, 2000.

JONES, Stephen, *The Illustrated Vampire Movie Guide*, Londres, Titan Books, 1993.

LEATHERDALE, Clive, *Dracula. The Novel and the Legend*, Wellinborough, The Aquarian Press, 1985.

LUDLAM, Harry, *A Biography of Dracula. The Life of Bram Stoker*, Londres, W. Foulham & Co., 1962.

MARIGNY, Jean, *Le Vampire dans la littérature anglo-saxonne* (2 vol.), Paris, Didier-Érudition, 1985.

—, *Le Vampire dans la littérature du XX*[e] *siècle*, Paris, Honoré Champion, 2003.

—, (dir.), *Dracula*, Paris, Autrement, « Figures mythiques », 1997.

MILLER, Elizabeth, *Reflections on Dracula. Ten Essays*, White Rock, Transylvania Press, 1997.

MONTACLAIR, Florent, *Le Vampire dans la littérature et au théâtre. Du mythe oriental au motif romantique*, Besançon, Presses du Centre Unesco, 1998.

PAQUET-DEYRIS, Anne-Marie et MENEGALDO, Gilles, *Dracula*, Neuilly, Atlande, 2006.

POZZUOLI, Alain, *Bram Stoker, prince des ténèbres. Biographie*, Paris, Séguier, 1989.

—, *Dracula (1897-1997). Guide du centenaire*, Paris, Éditions Hermé, 1996.

—, *Dracula. Le Lexique du vampire*, Montpellier, Éditions de l'Oxymore, 2005.

PAYGNARD, Philippe, *Dracula*, Paris, DLM Éditions, 1995.

RAMSLAND, Katherine, *A Biography of Anne Rice*, New York, Dutton, 1991 (*Anne Rice, la reine des vampires*, Bruxelles, Claude Lefrancq, 1997).

RONAY, Gabriel, *The Dracula Myth*, Londres, W. H. Allen, 1972.

ROTH, Phyllis, *Bram Stoker*, Boston, Twayne Publishers, 1982.

RUAUD, André-François et BALLESTER, Isabelle, *Les Nombreuses Vies de Dracula*, Lyon, Les Moutons électriques, « La bibliothèque rouge », 2008.

SADOUL, Barbara (dir.), *Visages du vampire*, Paris, Dervy, 1999.

SILHOL, Léa (dir.), *Vampires. Portraits d'une ombre*, Montpellier, Éditions de l'Oxymore, 1999.

TWITCHELL, James, *The Living Dead. A Study of the Vampire in Romantic Literature*, Durham, Duke University Press, 1981.

VALLS DE GOMIS, Estelle, *Enquête autour d'un mythe*, Turquant, Cheminements, 2005.

Articles

AGUERRE, Jean-Claude, « Résistance de la chair, destitution de l'âme », dans *Les Vampires*, Colloque de Cerisy, Paris, Albin Michel, 1993.

BENTLEY, C.F., « The Monster in the Bedroom. Sexual Symbolism in Bram Stoker's *Dracula* », *Literature and Psychology*, n° 22, 1972.

BIERMAN, Joseph S., « Dracula. Prolonged Childhood Illness and the Oral Triad », *American Imago*, n° 29, 1972.

COMANZO, Christian, « Dracula ou le voyage ambigu », *Les Cahiers du CERLI*, n° 8, mars 1984.

FAIVRE, Antoine, « Du vampire villageois aux discours des clercs (Genèse d'un imaginaire à l'aube des Lumières) », dans *Les Vampires*, Colloque de Cerisy, Paris, Albin Michel, 1993.

FINNÉ, Jacques, « De deux transformations narratives des récits de vampires des origines à 1985 », *Les Cahiers du GERF*, n° 2, 1992.

GARNIER, Gérard, « Shambleau, ou Du bon usage des vampires », *Horizons du fantastique*, n° 26, 1974.

GATTEGNO, Jean, « Folie, croyance et fantastique dans Dracula », *Littérature*, n° 8, décembre 1972.

GIRARD, Gaïd, « Les écrits de Laura. Analyse de Carmilla de J. S. Le Fanu », *Les Cahiers du CERLI*, n° 20, 1990.

GRIGORE-MURESAN, Madalina, « La femme vampire chez Mircea Eliade, Théophile Gautier et Joseph Sheridan Le Fanu », *Les Cahiers du GERF*, n° 7, 2001.

LE CAM, Pierre-Yves, « Kim Newman et ses vampires », *Les Cahiers du GERF*, n° 7, 2001.

MCGILLIVRAY, Royce, « Dracula. Bram Stoker's Spoiled Masterpiece », *Queen's Quarterly*, n° 79, 1959.

MELTON, J. Gordon et EIGHTEEN-BISANG, Robert, « Vampire Fiction for Children and Youth », *Transylvanian Journal*, vol. 2, n° 1, 1996.

MILNER, Max, « À quoi rêvent les vampires ? », *Le Monstre, Revue des sciences humaines*, tome LIX, n° 88, 1982.

PERRIN, Jean, « La femme vampire dans la poésie romantique anglaise », dans *Les Vampires*, Colloque de Cerisy, Paris Albin Michel, 1993.

PONNAU, Gwenhaël, « “Pauvre Sonia” ou le don du sang », *Claude Seignolle*, *Otrante*, n° 10, printemps 1998.

RUIZ, Luc, « Ce qui doit être lu d'une histoire de vampires : *I Am Legend* de Richard Matheson », dans *Dramaxes. De la fiction policière, fantastique et d'aventures*, ENS Éditions, 1995.

SANGSUE, Daniel, « Nodier et le commerce des vampires », *Revue d'histoire littéraire de la France*, n° 2, 1998.

SHUSTER, Seymour, « Dracula and Surgically Induced Trauma in Children », *The British Journal of Medical Psychology*, n° 46, 1973.

STANLEY, Odile, « Dracula. Naissance d'un archétype », *Les Cahiers du CERLI*, n° 2, janvier 1981.

STEIN, Gérard, « Dracula ou la circulation du “sans” », *Littérature*, n° 8, décembre 1972.

WASSON, Richard, « The Politics of Dracula », *English Literature in Transition*, n° 9, 1966.

Divers

ANDREESCO, Ioanna et BACOU, Mihaela, *Mourir à l'ombre des Carpathes*, Paris, Payot, 1986.

ARIES, Philippe, *L'Homme devant la mort*, Paris, Éditions du Seuil, 1977.

BOURGOIN, Stéphane, *Serial Killers*, Paris, Grasset, 1993. Édition révisée et augmentée, Grasset 2003.

BOURSEILLER, Christophe, *Les Forcenés du désir*, Paris, Denoël, 2000.

COLLIN DE PLANCY, Jacques-Albin-Simon, *Dictionnaire infernal* (1825). Réédité par les éditions 10/18, 1999.

ELLIS, Havelock, *Psychology of Sex*, Londres, Heinemann, Medical Books, 1931. Réédité par Pan Books, Londres, 1961.

FREUD, Sigmund, « Au-delà du principe du plaisir » (« Jenseits des Lustprinzips », 1920), dans *Essais de Psychanalyse*, Paris, Payot, 1980.

JONES, Ernest, *On the Nightmare*, Londres, Methen, 1931 (reproduit partiellement dans *The Vampyre, Lord Ruthven to Count Dracula* de Christopher Frayling, Londres, Gollancz, 1978.)

VON KRAFFT-EBING, Richard, *Psychopathia Sexualis*, Vienne, 1886.

INDEX DES NOMS

Les numéros renvoient aux questions.

INDEX DES TITRES D'OUVRAGES ET DE FILMS

Les numéros renvoient aux questions.

Le titre des ouvrages et des films est suivi du nom de l'auteur ou du réalisateur entre parenthèses. Certains titres ont été abrégés (voir le titre complet dans la bibliographie).

50 QUESTIONS

Collection dirigée par Belinda Cannone

Vincent Amiel et Pascal Couté, *Formes et obsessions du cinéma américain contemporain* (12)
Claude Aziza, *Le Péplum, un mauvais genre* (50)
Pierre Berthomieu, *La Musique de film* (14)
Anne Besson, *La Fantasy* (37)
Christian Béthune, *Pour une esthétique du rap* (16)
Odile Blanc, *Vivre habillé* (48)
Monique Carcaud-Macaire et Jeanne-Marie Clerc, *L'Adaptation cinématographique et littéraire* (15)
Jean-Luc Chalumeau, *La Lecture de l'art*, 2e éd. revue, 2008 (9)
Jean-Luc Chalumeau, *Histoire de l'art contemporain* (20)
Raphaël Colson et François-André Ruaud, *Science-Fiction. Une littérature du réel* (29)
Daniel Deshays, *Pour une écriture du son* (30)
Valérie Deshoulières, *Métamorphoses de l'idiot* (21)
Christian Doumet, *Faut-il comprendre la poésie ?* (19)
Gérard Gengembre, *Le Roman historique* (27)
Nathalie Heinich, *Être artiste* (5)
André Helbo, *Le Théâtre : texte ou spectacle vivant ?* (34)
Éric B. Henriet, *L'Uchronie* (46)
Marc Jimenez, *L'Esthétique contemporaine*, 2e éd. revue, 2004 (6)
Jean-Pascal Le Goff, *Robinson Crusoé ou l'Invention d'autrui* (13)
Gérard-Georges Lemaire, *Histoire du Salon de peinture* (11)
Jean-Louis Leutrat et Suzanne Liandrat-Guigues, *Penser le cinéma* (8)
Jean-Louis Leutrat et Suzanne Liandrat-Guigues, *Western(s)* (38)
Henriette Levillain, *Qu'est-ce que le baroque ?* (10)
Suzanne Liandrat-Guigues, *Esthétique du mouvement cinématographique* (22)
Anna Lo Giudice, *L'Amour surréaliste* (44)
Marie-Claire Martin et Serge Martin, *Quelle littérature pour la jeunesse ?* (45)
Isabelle Meuret, *L'Anorexie créatrice* (28)
Frédéric Monneyron, *La Mode et ses enjeux* (23)
Marie-Claire Mussat, *Trajectoires de la musique au XXe siècle*, 2e éd. revue, 2002 (3)
François Niney, *Le Documentaire et ses faux-semblants* (47)
Daniel-Henri Pageaux, *Naissances du roman* (4)
Danielle Perrot-Corpet, *Don Quichotte, figure du XXe siècle* (24)
Jonathan Pollock, *Qu'est-ce que l'humour ?* (7)
Frédéric Pomier, *Comment lire la bande dessinée ?* (25)
René Prédal, *Le Cinéma à l'heure des petites caméras* (43)
Michèle Reverdy, *Composer de la musique aujourd'hui* (35)
Bernard Ribémont, *Sexe et Amour au Moyen Âge* (36)
Baldine Saint Girons, *L'Acte esthétique* (39)
Pierre Sineux, *Qu'est-ce qu'un dieu grec ?* (32)

Frédérique Toudoire-Surlapierre, *Que fait la critique ?* (42)
David Vasse, *Le Nouvel Âge du cinéma d'auteur français* (41)
Éric Vigne, *Le livre et l'éditeur* (40)
Laurent Wolf, *Vie et Mort du tableau. 1. Genèse d'une disparition* (17)
Laurent Wolf, *Vie et Mort du tableau. 2. La Peinture contre le tableau* (18)
Laurent Wolf, *Après le tableau* (26)
Julie Wolkenstein, *Les Récits de rêve dans la fiction* (31)

Ce volume,
le quarante-neuvième de la collection
« 50 questions »,
publié aux éditions Klincksieck
a été achevé d'imprimer en septembre 2009
sur les presses de la Nouvelle Imprimerie Laballery,
58500 Clamecy

N° d'éditeur : 0050
N° d'imprimeur : 908183
Dépôt légal : septembre 2009

La Nouvelle Imprimerie Laballery est titulaire de la marque Imprim'Vert®